藤田和敏

# 近代化する金閣

## 日本仏教教団史講義

法藏館

〈凡　例〉

一、本書は大本山相国寺に設置されている相国寺教化活動委員会の研修会講義録『相国寺本山所蔵古文書の全容と新出史料の紹介』、『宗門と宗教法人を考える――明治以降の臨済宗と相国寺派――』、『「相国寺史料」を読む――江戸時代の相国寺と山内法系――』を加筆・修正のうえ、再編集したものである。これらの講義録は、平成二十二年（二〇一〇）十一月から開始された『相国寺史』編纂事業の調査研究成果に基づいている。

一、引用史料は基本的に現代語訳した。史料原文は、相国寺教化活動委員会研修会講義録に掲載されている。

一、叙述の客観性を期すために、行論中では一切の敬称を略した。

一、年代表記は基本的に和暦を使い、括弧内に西暦を併記した。

一、本書における江戸時代前期とは一六〇〇年～一七〇〇年、同中期とは一七〇一年～一八〇〇年、同後期とは一八〇一年～一八六八年を指している。

【目次】

## 第二部　江戸時代の相国寺

## 第三部　明治〜昭和期の相国寺

# 近代化する金閣

――日本仏教教団史講義――

# はじめに

現在の日本には、末寺二千ヵ寺以上が存在する伝統仏教教団が十派存在しており、「十大宗派」と呼ばれています。文化庁編『宗教年鑑　平成28年版』によれば、「十大宗派」の実態は以下のようになっています。

| | | |
|---|---|---|
| 曹洞宗 | （本山　永平寺・總持寺） | 寺院数一四、七一六ヵ寺 |
| 浄土真宗本願寺派 | （同　西本願寺） | 同　一〇、一九六ヵ寺 |
| 真宗大谷派 | （同　東本願寺） | 同　八、五四〇ヵ寺 |
| 浄土宗 | （同　知恩院） | 同　六、九一三ヵ寺 |
| 日蓮宗 | （同　久遠寺） | 同　四、六五九ヵ寺 |
| 高野山真言宗 | （同　金剛峯寺） | 同　三、六二六ヵ寺 |
| 天台宗 | （同　延暦寺） | 同　三、三三七ヵ寺 |
| 臨済宗妙心寺派 | （同　妙心寺） | 同　三、三五七ヵ寺 |

真言宗智山派（同　智積院）　　　同　　　二、九〇七ヵ寺
真言宗豊山派（同　長谷寺）　　　同　　　二、六三七ヵ寺

「十大宗派」を始めとする仏教教団は、本山にあたる寺院に宗務本所を置き、宗派の長たる管長の下に宗務総長を中心とする事務組織を構成していることが一般的です。また、宗派の運営方針を決定するために宗議会が組織され、各地域の末寺から選挙で選ばれた宗議会議員によって様々な議論が行われています。

このように、仏教教団の運営が形の上では近代化されていることは、あまり知られていない事実でしょう。大陸からの伝来以来、長い歴史を持つ日本の仏教が、近代的教団組織をいつ、どのように形成させたのか。それが本書で問いたいテーマです。

近代的教団組織の核となる寺院本末関係が確定したのは江戸時代です。各仏教教団の末寺台帳である本末帳が江戸幕府の命令で編纂されたことにより、本山と末寺の関係が明確化されました。このような理解は、日本史の研究においては定説化されているのですが、幕府から出された法令を検討することによって導き出されたものです。各仏教教団に所蔵される史料の分析から教団組織の成り立ちを捉えた研究は多くありません。

本書では、京都市上京区に伽藍《がらん》を構える相国寺を大本山とする臨済宗相国寺派を取り上げて右のテーマに迫ります。相国寺派は、日本を代表する拝観寺院である鹿苑寺（金閣

寺）・慈照寺〔銀閣寺〕が相国寺の山外塔頭《たっちゅう》とされていることから大宗派と考えられがちですが、寺院数では末寺を七十六ヵ寺〔第一教区本山塔頭を除く〕しか持たない小宗派です。宗派の運営が鹿苑寺・慈照寺の拝観料収入に依存している点で、多数の末寺から納入される宗費によって維持されている「十大宗派」とは異なります。拝観料で宗派を支える鹿苑寺・慈照寺の動向を意識しつつ、江戸時代から現代までの相国寺と相国寺派の歴史を考えてみたいと思います。

本書の構成を説明しておきます。第一部では、江戸時代以降の問題を考える前提として、室町・戦国時代の相国寺・鹿苑寺・慈照寺について概説的に説明します。第二部では江戸時代、第三部では明治期から昭和末期までを範囲とした史料に基づく本格的な分析を展開します。

平安時代以来、京都・奈良の大寺院は権門《けんもん》として存在しました。権門とは、辞書的には権勢のある家柄・門閥という意味ですが、具体的には国家権力を行使した公家《くげ》・武家《ぶけ》・寺家《じけ》という三つの集団のことを指しています。当該期の社会では、天皇を中心とする公家、幕府を開いた武家とともに、大規模な寺領荘園を所有し宗教的に国家を護持した寺家が権門としての役割を果たしていたのです。足利義満《あしかがよしみつ》によって創建された相国寺は、延暦寺や興福寺のような平安時代からの権門寺院と並ぶ存在であったと言えるでしょう。

このような寺院の位置づけは、織豊政権や江戸幕府の宗教統制によって否定されました。江戸時代の旧権門寺院は、小大名や旗本なみに寺領を削減されるとともに、寺院法度《はっと》（規則）によって活動を厳しく制約されますが、その一方で末寺を支配する本山としての認定を受けて仏教教団としての体裁を整えます。幕府による統制と保護の枠組みにがっちりと組み込まれたことにより、旧権門寺院を中心とする仏教教団は自立性を失って堕落したまま近代社会に至ったという考え方がこれまで大勢を占めてきました。

本書では、相国寺とその塔頭に残された史料を読み込むことによって、右のようなイメージを覆《くつがえ》し、僧侶自らの選択と努力によって教団組織を創りあげた過程を描きます。明治維新によって成立した近代国家は、江戸幕府とは比較にならないほど民衆に対しての支配を深化させており、仏教教団も「宗派」として国家支配の枠組みに絡《から》め取られました。そのような中でも、江戸時代以来の蓄積を踏まえた僧侶の主体的な営みによって近代社会に適合するかたちに教団が発展したことを論証します。

これまでの仏教史は、各宗派の宗祖や開山（寺院を創建した僧侶）の事跡を論じることが主流でした。しかし、現代を生きる僧侶にとっては、自身が所属している教団の組織が形成された江戸時代以降の歴史を捉えることが重要な意味を持つはずです。また、僧侶以外の寺院に関係する人々にとっても、教団の成り立ちを知ることは現代仏教への理解を深めるうえで有意義なことであると考えます。本書において、近代への展開に重点を置いた新たな仏教教団論を切り開きます。

# 第一部

# 室町・戦国時代の相国寺

# 第一講　相国寺と北山第の開創

## 1　足利義満による相国寺の創建

### 足利義満の経歴

よく知られているように、相国寺は永徳二年（一三八二）に室町幕府三代将軍足利義満《あしかがよしみつ》（写真1）によって創建されました。まず最初に、相国寺創建に至るまでの義満の経歴を振り返ります。

写真1　足利義満像

延文三年（一三五八）に生まれた義満は、貞治六年（一三六七）に父親である二代将軍足利義詮《よしあきら》の死去によって十歳で家督を相続し、翌応安元年（一三六八）に征夷大将軍に任じられています。若くして権力の座に就いた義満ですが、南北朝の内乱が続いていた時期であったことから権力基盤が不安定で、義詮の遺命により管領《かんれい》細川頼之《ほそかわよりゆき》が義満を補佐する体制が続きました。しかし、康暦元年（一三七九）に細川が失脚したことにより、二十歳を超えた義満は政治家として自立を始めます。前年の永和四年（一三七八）に義満は室町に新第《てい》（「第」は「邸」の意）を建築して、従来の将軍御所であった三条坊門第（現在の中京区御所八幡町付近）から移住しました。この新第は「花の御所」と呼ばれ、室町幕府の名の起こりになったものです。永徳元年（一三八一）には後円融《ごえんゆう》天皇の行幸を室町第で迎えるとともに、内大臣に任じられています。相国寺の創建は、義満が朝廷への影響力を強めている段階でのことでした。

### 義満の宗教的素養

義満が相国寺建立を思い立った背景には、若き日から培《つちか》ってきた宗教的な素養がありました。足利家家督を継いだ貞治六年に、義満は天龍寺において住持春屋妙葩《しゅんおくみょうは》（写真3）から受衣《じゅえ》（師から法衣を受けて弟子になること）します。応安五年には、改めて夢窓疎石《むそうそせき》（写真2）の墓所で受衣しており、「天山道有《てんざんどうゆう》」という禅宗の僧侶としての名を与えられました。

写真２　夢窓疎石頂相

写真３　春屋妙葩頂相

義満が受衣の師とした夢窓と春屋は当該期を代表する臨済宗の僧侶です。夢窓は、建治元年（一二七五）に生まれ、鎌倉万寿寺の高《こう》峰顕日《ほうけんにち》から印可《いんか》（師僧が弟子の悟りを認め証明すること）を受けており、元弘三年（一三三三）に新政を開始した後醍醐《ごだいご》天皇の招きで京都の嵯峨野にある臨川寺の住持となりました。建武新政が破綻した後も、足利尊氏《たかうじ》・直《ただ》義《よし》兄弟から夢窓は絶大な帰依を受けており、両者が後醍醐天皇の追悼のために総力を挙げて貞和元年（一三四五）に建立した天龍寺の初代住持となりました。観応二年（一三五一）に、尊氏は夢窓に対して御内書（将軍による公的書状）を呈しており、足利家が末代に至るまで夢窓とその弟子たちに帰依することを誓約しています。

春屋は、夢窓の後継者として門下を統率した僧侶です。応長元年（一三一一）生まれで、延文三年（一三五八）に焼失した天龍寺の再建に尽力するなど事務的才能に優れており、康暦元年に「天下僧録」（全国の禅寺・禅僧を統括する役職、詳細は後述）に任じられています。

青年期における義満の信仰は、夢窓門下の禅僧たちとの関わりの中で育《はぐく》まれました。夢窓の弟子たちの中でも、漢籍講学などの教育を担当した義《ぎ》堂周信《どうしゅうしん》は義満の人格形成に大きな影響を与えました。義堂の日記『空華《くうげ》日用工《にちようく》夫略集《ふうりゃくしゅう》』には、禅僧らと終夜坐禅を組んだ義満が、

時を惜しむべきである。時は人を待ってはくれない。私は諸老と座を同じくしているが、ただ一夜をともに過ごすのみである。世を捨てて道をまなびたい、

と嘆いたところ、

およそ大乗仏教の修行は、剃髪《ていはつ》せず在家のままでも妨げはありません、

と義堂が諭したとする逸話が記されています（永徳二年七月十八日条）。義堂らの指導によって、義満は禅に対する素養を深めたことがうかがえます。

## 相国寺創建の経緯

相国寺創建のきっかけは、三条坊門第に隣接していた足利家の菩提寺である等持寺（洛北にある等持院を移転させた）が手狭になったことでした。等持寺は、元来浄土宗寺院であったものを足利直義が禅寺に改めたものであったために、禅宗の行事を行うには不都合が多かったのです。

新たな寺の建立を思い立った義満は、春屋・義堂に相談を持ちかけており、そのやりとりが『空華日用工夫略集』に記録されています。すなわち義満は、永徳二年（一三八二）九月二十九日に僧侶五十名が住居できる寺を創りたいと春屋・義堂に話しており、十月三日にはどのような寺号がよいか二人に尋ねています。それに対して春屋は、

君（義満）は今、大丞相《だいじょうしょう》（内大臣のこと。大相国とも称する）の位にあるのですから、相国寺と名付けてはいかがでしょうか、唐土《とうど》東京《とうけい》（中国河南省開封）には大相国寺という寺もありますので、打ってつけの寺号だと思います、

義堂は、

天皇の意志を承《う》けての建立ですので、承天相国と名付けてはいかがでしょうか、と答えたとされています。義満の希望は住僧五十名程度の小寺建立であり、春屋・義堂はその思いつきに追従《ついしょう》している雰囲気があります。

十月二十一日になり、再び義満は新寺の話題を出しています。

五十名か百名程度の僧侶とともに私も道服を着ていつでも坐禅がしたい。これが寺を建てたいと思う理由だ。

義満は依然として私的な小寺の建立を望んでいましたが、義堂が

鎌倉幕府は建長寺・円覚寺などを建立し、千名もの僧侶を置きました。南禅寺・天龍寺でも同じように多数の僧侶を住まわせました。君も五山に準じるような大伽藍《だいがらん》を建てるべきであり、小寺に満足してはいけません、

と勧めた結果、義満は等持寺に代わる大寺院を建てる志を持ったのです。

**相国寺の建立**

十月三十日には、早くも相国寺の仏殿・法堂《はっとう》（説法のための堂）の立柱が行われています。しかし、法堂は洛北等持院の法堂が移築されることになりました。先述した「大寺院を建てるべし」とする義堂の勧めに対して義満は財政難を嘆く発言をしており、厳しい財

政事情の中で建立に向けて可能な手段が模索されたことがうかがえます。

十二月二日、義満は春屋と義堂に再び寺号について相談をしており、「承天相国」は言葉として熟していないという理由で「相国承天」と改めています。さらに十二月十三日には、夢窓を勧請開山《かんじようかいさん》（実際の開山ではない僧侶を、その寺の開山にすること）とし、春屋を第二世住持とすることが決まりました。至徳二年（一三八五）十一月二十日に仏殿が完成し、釈迦三尊像を安置して落慶法会《ほうえ》が開催されたことで、相国寺の伽藍は完成されたのです。

**相国寺を五山に加える**

至徳三年に、義満は相国寺の寺格を高めるために五山制度を改編する決断をしました。五山制度とは、中国宋代に成立した国家による官寺制度のことであり、禅宗寺院の寺格を五山→十刹《じっさつ》→諸山の三段階に区分するものです。日本では鎌倉時代に成立しており、天龍寺の開創を機として室町幕府が暦応五年（一三四二）に五山の位次を次のように改めました。

第一　建長寺・南禅寺
第二　円覚寺・天龍寺

第三　寿福寺
第四　建仁寺
第五　東福寺

この段階で、五山を五ヵ寺に限るという中国以来の伝統が破られて、五山は単に寺格を示す言葉になりました。その後、五山の位次は度々改められますが、義満は新たに相国寺を五山に加えるために次のような大幅な改編を行ったのです。

五山之上　南禅寺
第一　天龍寺・建長寺
第二　相国寺・円覚寺
第三　建仁寺・寿福寺
第四　東福寺・浄智寺
第五　万寿寺・浄妙寺

亀山《かめやま》法皇が創立した勅願寺である南禅寺を「五山之上《ござんしじょう》」と別格化し、五山は京・鎌倉それぞれ五ヵ寺としました。相国寺は、尊氏創建の天龍寺に次ぐ五山第二となったのです。

## 2　相国寺大塔と北山第の建築

### 相国寺創建後の義満

明徳二年（一三九一）、山名《やまな》氏清《うじきよ》・満幸《みつゆき》らが幕府に対して起こした反乱（明徳の乱）を足利義満は鎮圧します。山名氏は新田《にった》氏の一族で、早くから足利尊氏に仕え、数多くの軍功を重ねて山陰地方で勢力を拡大していました。この段階で十一ヵ国の守護職を一族で獲得しており、「六分一衆」（日本全国六十六ヵ国の六分の一）と称された有力守護の代表格でしたが、義満は山名氏の勢力削減に成功し、その後は守護の統制を強めていきます。さらに、明徳三年には南朝の後亀山《ごかめやま》天皇から神器が北朝の後小松《ごこまつ》天皇に渡され、建武三年（一三三六）に後醍醐天皇が吉野に逃れてから五十六年間続いた南北朝の分裂状態が終結します。この段階で、義満は公武双方を統一的に掌握したのです。

応永元年（一三九四）に義満は将軍職を息子の義持《よしもち》に譲り、太政大臣に任じられますが、翌二年に大臣の職を辞して出家します。戒師を務めたのは夢窓門下の空谷明応《くうこくみょうおう》、剃手は同じく絶海中津《ぜっかいちゅうしん》でした。空谷は、天龍寺第二世住持を務めた無極志玄《むきょくしげん》の弟子であり、相国寺第三世住持です。絶海は、作詩の名手として知られる僧侶で、春屋妙葩や義堂周信の死後（両者は嘉慶二年〈一三八八〉没）に義満から絶大な帰依を受けました。義満の出家には、管領斯波《しば》義将《よしまさ》を始めとして、義満の周囲でその権力を支えていた公家・武家の人々も追随しました。

## 相国寺大塔の建立

明徳三年には相国寺に大塔が建立されることになり、同四年六月二十四日に立柱が行われました。応永元年（一三九四）に直歳寮《しっすいりょう》からの失火により相国寺の伽藍が焼失しますが、伽藍再建と平行して大塔建立も進められ、同六年（一三九九）に完成しました。大塔落成供養の記録である「相国寺塔供養記」には、大塔について次のような描写がされています。

> 門の内に入って見てみると、七重の甍《いらか》が重なって、四面の扉や垂木《たるき》の彩色は夜目にも輝くばかりである。（中略）この御塔こそは経典の内容にもよく当てはまり、その上高さも法勝寺《ほっしょうじ》の塔に勝ると聞いている。（中略）ところで今年は宝篋院殿《ほうきょういんでん》（足利義詮）の三十三回忌に当たるので、この供養は以前からその心積もりで行われたとの世評である。

大塔の建立目的は、直接には父親である義詮の年忌供養のためと記されていますが、当該期における義満の政治的立場を表現するためのものでもありました。大塔の高さは「法勝寺の塔」を凌いだとされていますが、「法勝寺の塔」とは院政期に絶大な権力を振るった白河《しらかわ》天皇が永保三年（一〇八三）に建立した法勝寺八角九重塔のことを指しています。法勝寺八角九重塔は高さ二十七丈（約八十一メートル）とされており、暦応五年（一三四二）に焼失するまで白河（現在の岡崎公園付近）にそびえ立っていました。相国寺の大塔の高さは三十六丈（約百九メートル）と記録に残っており、かつての院権力を超越した義満の権力を視覚的に表していたのです。

**北山第の建築**

応永四年（一三九七）、大塔建立に平行する形で北山第（現在の鹿苑寺）が建築されます。「相国寺塔供養記」には、北山第について、西園寺《さいおんじ》家が所持していた山荘に義満が新たな御所を建てたことを述べたうえで、次のように記されています。

玉や金を敷き詰めて造営された。舎利殿《しゃりでん》（金閣）などは非常に立派で、目映《まばゆ》きばかりであったと聞いている。

翌応永五年に義満が北山第に移住したことで、政治の機能が室町第から北山第へ移動することになりました。また、北山第で大規模な密教の修法も行われるようになり、政治・宗教の両面で義満の権力は絶頂に達したのです。

写真４　金閣

応永十一年、火災で焼失した相国寺大塔が北山第で再建されることになりますが、完成を見ることなく、同十五年に義満は死去しました。

## 第二講　東山山荘と鹿苑僧録・蔭涼職

### 1　東山山荘の造営

**足利義政の人物像**

写真5　足利義政木像

文明十五年（一四八三）、室町幕府八代将軍足利義政《あしかがよしまさ》（**写真5**）は、東山山荘（現在の慈照寺）に常御所《つねのごしょ》（主人のための居住空間）が建築されるとすぐに移居し、延徳二年（一四九〇）に没するまで居住しました。義政と、彼に近侍した同朋《どうぼう》衆《しゅう》（庭師の善阿弥《ぜんあみ》、猿楽能の音阿弥《おとあみ》に代表される）らによって創り出された東山山荘での生活文化は広く地方へ伝播し、その後の日本文化の源流となったことは周知の事実です。

義政は、永享八年（一四三六）に生まれ、嘉吉三年（一四四三）に八歳で家督を継ぎ、宝徳元年（一四四九）に征夷大将軍に任じられています。若いころの義政は、為政者としての問題意識をうかがわせる言動を見せていましたが、思うに任せない政治の世界を忌避《きひ》し、寛正五年（一四六四）の糺河原《ただすがわら》における勧進猿楽興行見物や諸大名の負担による室町第の造営など、庶民の窮乏を顧《かえり》みない享楽的な文化生活を求めることが次第に著しくなりました。

後継者がいなかった義政は、風流で自由な隠居生活を送るために、寛正五年に天台宗浄土寺門跡であった弟の義尋《ぎじん》を還俗《げんぞく》させて義視《よしみ》と改名させ、養嗣子《ようしし》としました。しかし、翌同六年に妻日野富子《ひのとみこ》が嫡男義尚《よしひさ》を生んだために、両者の間で家督争いが発生することになったのです。義尚は山名宗全《やまなそうぜん》、義視は管領細川勝元《ほそかわかつもと》が後見したために、山名方・細川方の対立を招き、それに諸大名の内部抗争が加わって全国的な騒乱である応仁の乱に発展しました。

**応仁の乱**

応仁元年（一四六七）正月、相国寺の北側にある上御霊神社に立て籠もった細川方の畠《はたけ》山政長《やままさなが》に山名方が攻撃を始めたことにより、応仁の乱の火蓋《ひぶた》が切って落とされました。細川方は室町第に、山名方は堀川の西にあった山名邸に本陣を置いたために、細川方を東軍、山名方を西軍と呼びます。

同年十月二・三日には相国寺で東軍・西軍の激戦が繰り広げられました。興福寺大乗院門跡経覚《きょうがく》の日記「経覚私要鈔」には、西軍の畠山義就《よしなり》らが相国寺に陣取っていた東軍の武田信賢《たけだのぶかた》を攻め寄せて追い払い、寺を焼いて占領し、上御霊神社の西にあった細川邸と室町第の間を遮断したと記されています。また、室町時代の軍記物語である「応仁記」には、西軍が相国寺を攻める様子が叙述されています。

さて惣門《そうもん》を大内《おおうち》衆・土岐《とき》衆が攻撃し、「今日敵を追い落とせなければ本陣には帰らない」と、自ら名乗って斬りかかった戦場であるので、お互いの勢いは火炎となって雲を焼き、打ち合った太刀の光は輝いて火花となった。

また、戦いが終わった後の状況は、

未明より黄昏《たそがれ》に至るまでの戦いで、敵・身方ともに戦い疲れて引き退いた。大内方・土岐方が取った首の数は車八両分あり、西陣へと運んだ、

と記されています。激戦が偲《しの》ばれる記述といえるでしょう。

戦闘は長期化し、文明五年（一四七三）に山名宗全・細川勝元が死去します。そして同

九年に応仁の乱は終結しました。

## 東山山荘の造営

文明五年（一四七三）、義政は将軍職を義尚に譲り、先述したように同十五年に東山山荘に移ります。守護大名や山城国内の荘園領主に費用の負担を命じ、本格的に殿舎の造営が開始されますが、それに先だつ同十七年十月に、義政は鹿苑寺を訪れています。義政に金閣内部を案内した蔭凉職亀泉集証《いんりようしききせんしゆうしよう》（蔭凉職については後述）の日記「蔭凉軒日録」には、二人のやりとりが次のように記録されています。

義政が観音像に向かってお立ちになった。

亀泉「この観音像は応仁の乱後に安置しました。元の観音像は乱中に紛失しました。この観音は元のものよりも小さいのですが」

義政「潮音洞《ちようおんどう》（金閣二層目の名称）の額字は誰が書いたのか」

亀泉「義満公です」

義政「池の南にはかつて一囲の大樹があったが今はない。乱中に折られたのか」

亀泉「その通りです」

義政「泉水の中島にかつて楓の木があったが、乱中に折られたのか。両島には楓の木が生えていたが、すべてなくなっている」

亀泉「乱中に折られました」

義政は究竟頂《くつきょうちょう》（金閣三層目の名称）にお登りになり、「究竟頂」の額を熟覧した。

義政「額には何と書かれているのか」

亀泉「究竟頂とあります」

義政「誰の筆跡か」

亀泉「後小松天皇の宸筆《しんぴつ》です」

義政「究竟の意味は何なのか」

亀泉「最上のことであり、究竟天（仏教語で最高の天のこと）の意味もあります」

義政は、金閣二層目「潮音洞」・同三層目「究竟頂」の額や、庭の植生などに興味を持ちました。このとき得た知識が東山山荘の観音殿（銀閣、**写真6**）建築に生かされます。

東山山荘の殿舎は、文明十七年以降相次いで造営されました。同十八年に建築された義政の持仏堂である東求堂《とうぐどう》は、日本最古の書院造として知られる同仁斎《どうじんさい》と称する部屋を含んでいることで有名です。観音殿の建立は延徳元年（一四八九）から始まりますが、一層目・二層目の名称をめぐって、義政は亀泉と次のようなやりとりをしています。

義政「花の御所の観音殿は、外額は勝音閣、内額は潮音洞と記されている。鹿苑寺の金堂（閣）は、内と外に二枚の額がある。東山山荘の観音殿には、内か外かに額を一枚掲げたい」

亀泉「額が一枚ならば、外に掲げるのが適切でしょう」

義政「それがよかろう。銀閣の二層のうち、一層には潮音閣という額を掲げよ。もう一層の額の字を考えるように横川景三《おうせんけいさん》に命じよ」

義政は、室町第にある観音殿や金閣にならって、観音殿の一層目・二層目に名称を記した額をかけることにしました。二層目は「潮音閣」とすることを自身で決めますが、一層目の名称は横川景三に命名させるよう亀泉に指示したのです。

写真６　銀閣

横川は、五山文学の代表的な担い手であり、義政の側近を務めた僧侶です。東求堂や同仁斎の名称も横川が提案しています。観音殿の一層目は禅堂としての機能を持たせることになったために、義政は横川から提案された名称のうち「心空殿」を選びました。銀閣は、先行して建築された金閣の造作を強く意識して造られたことがうかがえます。

## 2　鹿苑僧録と蔭凉職

### 僧録と公帖

先ほど、康暦元年（一三七九）に春屋妙葩が「天下僧録」に任じられたこと、亀泉集証が蔭凉職という役職に就いていたことを述べました。この二つの役職は禅宗史を考えるうえで重要ですので、その概要を述べておきたいと思います。

室町時代に入り、五山制度が確立するとともに、臨済宗五山派の寺院を統括する役職を設置する必要が生じました。室町幕府は当初禅律奉行《ぜんりつぶぎょう》という機関を作り、藤原南家《ふじわらなんけ》出身の藤原有範《ありのり》など在俗の者を任じていました。しかし、春屋妙葩が足利義満によって「天下僧録」に命じられると、それ以降は五山派統制の主導権が夢窓派の禅僧たちに移ります。

僧録とは、中国唐代に起源がある僧尼の管理や住職の任免などの寺院行政を統括する役職です。室町から戦国時代の臨済宗においては、五山・十刹・諸山住持の人事に関与することが僧録のもっとも重要な役割でした。

臨済宗五山派の僧侶は、諸山→十刹→五山の順で住持を務めることによって法階が昇進しました。諸山・十刹住持の法階は西堂《せいどう》、五山住持の法階は東堂《とうどう》といいます。最高位の東堂に昇った僧侶は「和尚」という敬称を付して呼ばれました。西堂・東堂への昇進は、将軍が発給する公帖《こうじょう》という辞令によって行われており、僧録は五山・十刹・諸山の住持に誰がふさわしいかを将軍に推挙《すいきょ》できる権限を握っていました。

**公帖の書式**

公帖が定式化された戦国期において、その書式は以下に示す四種類がありました。

①諸山住持公帖（写真7）

景徳寺住持職のこと、先例に任せ執務すべき〈敬語表現なし〉の状、件の如し。

永正参年五月廿八日　（花押）（足利義澄）

等貴首座〈法諱＋法階〉

②十刹住持公帖（写真8）

等持寺住持職のこと、先例に任せ執務せらるべき〈敬語表現あり〉の状、件の如し。

永正参年六月九日　　参議左中将《（足利義澄）》（花押）

等貴西堂《〈法諱＋法階〉》

③五山住持公帖（**写真9**）

相国寺住持職のこと、先例に任せ執務せらる《〈敬語表現あり〉》べきの状、件の如し。

永正十一年七月十七日　権大納言《（足利義植）》（花押）

等貴西堂《〈法諱＋法階〉》

④南禅寺住持公帖（**写真10**）

南禅寺住持職のこと、先例に任せ執務せらる《〈敬語表現あり〉》べきの状、件の如し。

永正九年二月十四日　権大納言《（足利義植）》（花押）

自悦和尚《〈道号＋「和尚」〉》

①は諸山の景徳寺、②は十刹の等持寺、③は五山の相国寺、④は「五山之上」である南禅寺の住持公帖です。①～③は宗山等貴《しゅうざんとうき》、④は自悦守懌《じえつしゅえき》に対して出されています。書式に注目すると、①の「執務すべきの状」に対して②～④は「執務せられるべきの状」と敬語表現が使われていること、①の差出人が花押のみであることに対して②～④は官位と花押が併記されていること、①～③の宛先が法諱《ほうき》（出家得度の際に師より与えられる名）と法階であることに対して、④は道号（一定の法階に達したときに師などから与えられる名、禅

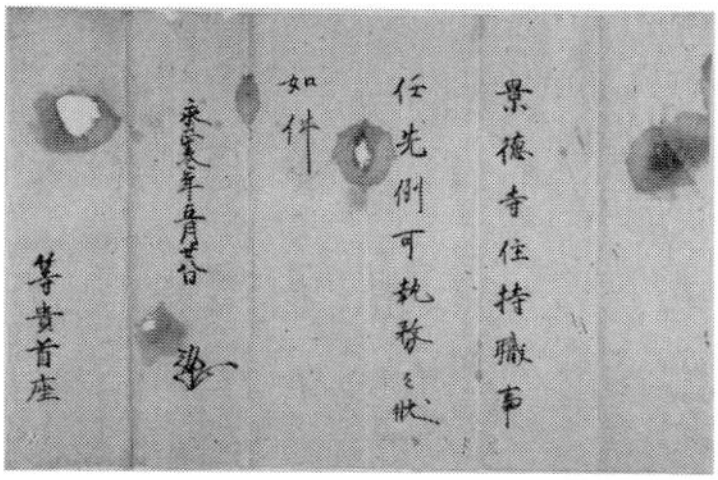
景徳寺住持職事
任先例可執務之状
如件
永正三年五月廿八日（花押）
等貴首座

写真7　足利義澄公帖

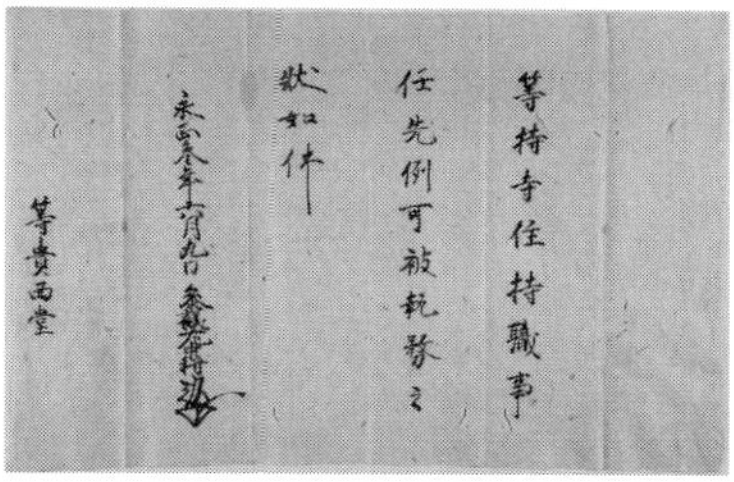
等持寺住持職事
任先例可被執務之
状如件
永正三年六月九日（花押）
等貴西堂

写真8　足利義澄公帖

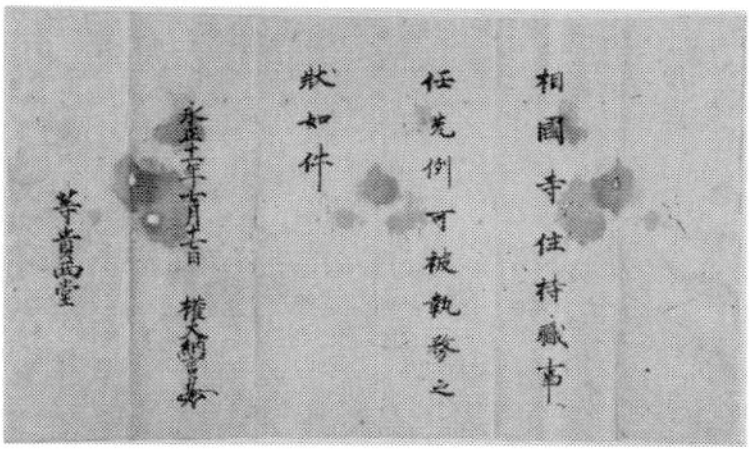
相国寺住持職事
任先例可被執務之
状如件
永正十年十月十日　権大納言（花押）
等貴西堂

写真9　足利義稙公帖

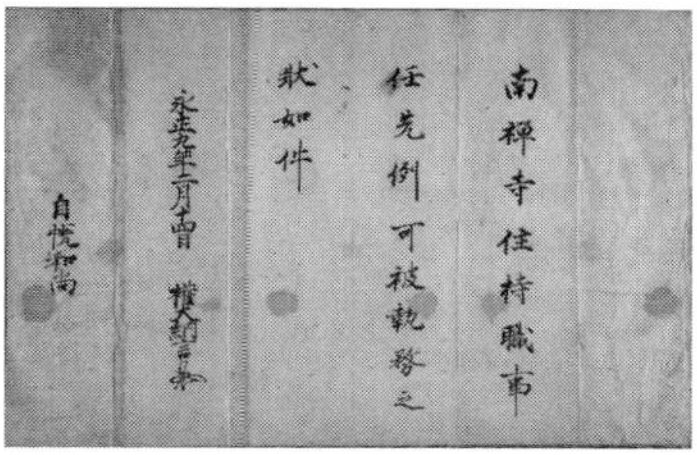
南禅寺住持職事
任先例可被執務之
状如件
永正九年二月廿四日　権大納言（花押）
自悦和尚

写真10　足利義稙公帖

宗僧侶の名は道号＋法諱の四字で構成）と「和尚」とされている点で相違しています。①から④に進むにつれて書式は厚礼となっているのです。

宗山は、①〜③を順に受け取ることによって法階が昇進したのですが、その過程には一つ不自然な点があります。それは、①が永正三年（一五〇六）五月二十八日、②が同年六月九日とほぼ同時に出されていることであり、この二通は座公文《ざくもん》と呼ばれる形式的な公帖だと判断されます。座公文とは、「居ながらにして受ける公帖」、すなわち、西堂・東堂の法階のみを必要とする僧侶がその寺へ実際に赴任せずに受け取る公帖を意味します。幕府に対して官銭を納めることで公帖は発給されることから、財政難に悩んだ幕府は大量の座公文を発給して臨時の出費を賄っていました。

④については、南禅寺の住持を務めることによって紫衣《しえ》の着用が認められることから、五山の住持を務めた僧侶に座公文として形式的に与えられる例が多く見られました。

**鹿苑僧録と蔭凉職**

僧録は、足利義満の塔所である鹿苑院が相国寺の塔頭として建立されると、鹿苑院住持が兼帯するようになり、鹿苑僧録と称されることになりました。僧侶の人事に影響力を行使した鹿苑僧録は五山派において権力を振いましたが、先に述べた座公文の乱発に象徴されるように室町後期に至ると五山制度の弛緩《しかん》が進み、鹿苑僧録も形骸化してそれを補佐した蔭凉職に権限が移動していきます。蔭凉職は、鹿苑院の寮舎（附属寺院）である蔭凉軒の軒主が就いた役職です。当初は鹿苑僧録を補佐する役職と蔭凉軒主は別個のものでしたが、次第に両者は一体化したのです。

応仁の乱を経て、五山派に対する室町幕府の保護統制が弱まってくると、鹿苑僧録・蔭凉職ともに無力化します。そして江戸時代に入り、元和元年（一六一五）に徳川家康《とくがわいえやす》が発令した臨済宗五山派の基本法令「五山十刹諸山の諸法度」によって鹿苑僧録・蔭凉職が廃止されたのです。「五山十刹諸山の諸法度」は七ヵ条に分かれていますが、第七条に次のような規定があります。

> 鹿苑僧録・蔭凉職は、室町時代からの規定に基づいて置かれていた。今の時代に至り任命するだけの実態が無くなったので廃止する。今後は、五山長老の中から仏法に深く帰依する一名を選んで僧録職に任命する。

これ以降の僧録は、南禅寺塔頭金地院住持であり、徳川家康の側近として「黒衣《こくえ》の宰相」と呼ばれた以《い》心崇伝《しんすうでん》が任じられました。崇伝以降の僧録は弟子たちに引き継がれ、金地僧録と称されることになったのです。

# 第二部　江戸時代の相国寺

第一講　江戸時代前期における門派の形成——西笑承兌と常徳派

## 1　江戸禅宗史研究の視点

### 玉村竹二の研究

第二部から相国寺山内に所蔵される史料を用いた本格的な分析を始めますが、その前提として、日本禅宗史の第一人者であった玉村竹二《たまむらたけじ》の研究を紹介しておきたいと思います。

玉村は、明治四十四年（一九一一）に愛知県名古屋市に生まれました。昭和十年（一九三五）に東京帝国大学文学部国史学科を卒業し、同大学の史料編纂所に入所します。禅宗史に関わる多数の優れた成果を残し、同四十八年に『五山文学新集』で日本学士院賞、同五十六年に『日本禅宗史論集』で角川源義《かどかわげんよし》賞を受賞しました。

玉村の幅広い業績を通覧すると、主要なテーマとして禅宗寺院の組織構造研究を挙げることができると思いますが、その研究で特徴的であったのは塔頭《たっちゅう》に着目した点です。塔頭とは、一般的な理解を示せば禅宗寺院の敷地内にある附属寺院ということになりますが、禅宗の特質から「塔頭とは何か」を問い直したことが玉村の画期的なところでした。

日本の仏教は、天台宗・真言宗など様々な「宗」に分かれていますが、「宗」を「宗」として成り立たせる根本的な要因は、宗祖からの法系（法のつながり）が確立されていること、独自の教学体系を持っていることの二点にあると考えます。法系とは、相国寺に即して言えば、釈迦《しやか》に始まり、禅宗の祖である達磨《だるま》、臨済宗の祖である臨済義玄《りんざいぎげん》を経て、相国寺の住持に至るまで禅の教えが継承されていることを意味する語です。禅宗は「不立《ふりゆう》文字《もんじ》、教外別伝《きようげべつでん》」と表現されるように、師弟の間で言葉や文字に依らず仏の悟りを伝えることを標榜《ひようぼう》していますので、他の「宗」と比較しても特に法系が重要視されるのです。

玉村は、法系の強調という禅宗の特質と塔頭の形成過程との関係性を、『日本禅宗史論集』に収められている「五山叢林《そうりん》の塔頭に就《つい》て」という論文の中で次のように解き明かしています。

## 塔頭の形成過程

禅宗寺院は、山門・法堂《はつとう》・仏殿・庫裏《くり》・僧堂・東司《とうす》・浴室の七堂伽藍《がらん》で本来は構成されるものでした。すべての僧侶は僧堂で起居し、清規《しんぎ》と呼ばれる生活規範に従って生活することが原則のはずでした。従って、禅宗寺院に塔頭は存在してはいけないのですが、歴史的な変化のなかで塔頭が成立せざるを得ない状況になったのです。

塔頭の前身にあたるものとして、塔所《たつしょ》と庵居《あんきょ》という二つの施設を玉村は挙げています。塔所とは、開山などの菩提《ぼだい》を弔《とむら》うための卵塔《らんとう》（卵を立てたような形の塔）を中心とする施設です。五山・十刹《じっさつ》のような大寺院が確立する過程には、開山を始めとした歴代住持たちの活躍があるわけですが、そのような僧侶たちを祀《まつ》るための卵塔が禅宗寺院の境内に建ち始めます。卵塔を建てれば、それを管理するための建物が必要になり、そこに僧侶が住むことになります。その建物が塔所です。

庵居とは、前住（住持を辞めた僧侶）が住むための施設です。住持は職を辞したら僧堂を退去しますので、住居が必要になるわけです。庵居は、前住が亡くなれば元の更地に戻す必要があるのですが、そのような結果にならないことがありました。それは、前住の法を継承した弟子たちが庵居の恒久化を志向した場合です。前住が僧堂を退去することにより、それに従って弟子たちも庵居に移動しますが、彼らは庵居を永続させるために前住の卵塔をその敷地内に建てるようになります。このような形で塔所と庵居が組み合わさった塔頭が成立したのです。

塔頭に集った弟子たちは、卵塔に祀られた僧侶を法系の祖とする集団を形成します。その集団を門派と言います。多くの弟子を抱える高僧が代々の住持を務めることにより、禅宗寺院の境内には門派の拠点となる塔頭が増加していきます。その結果、僧堂から僧侶がいなくなり、塔頭ばかりが栄えるようになったのです。また、門派に所属する僧侶が地方の寺の住持になると、法系が地方に伸びていくようになります。このような法系を媒介とする本山塔頭と地方寺院の関係が禅宗寺院の本末関係に発展しました。

**玉村竹二による江戸禅宗史**

玉村は、井上禅定《いのうえぜんじょう》とともに執筆した『円覚寺史』において、右に述べたような鎌倉・室町時代の状況と比較して、禅宗教団が江戸時代にどのような変化を遂げたかについて、次のような理解の枠組みを示しています。

織田信長《おだのぶなが》・豊臣秀吉《とよとみひでよし》が仏教教団に対して武力による弾圧を加えた後に、江戸幕府は仏教教団の統制を目指して、①各本山に法度《はっと》（規則）を下す、②末寺台帳である本末帳の編纂を命じるという二つの政策を進めます。江戸幕府は各教団の本山を自らの権力に従属させるとともに、本山を中心とするピラミッド型の教団組織を確立することで、仏教教団を間接的に支配しようとしたのです。

このような江戸幕府の政策によって、円覚寺では本山塔頭を核とする法系に基づかない、本山に直接従属する「直末寺《じきまつじ》」が増えていきます。塔頭との法系を持たない「直末寺」には、本山に出向いたときの宿坊の確保や、本山に対しての人事の取り次ぎなどで様々な不便が生じるようになりました。そこで「直末寺」は、何らかの関係がある本山塔頭に依頼して便宜的な法系を作り始めます。そのような法系の基になる塔頭は「本庵」と称されました。

## 第二部の分析視角と『相国寺史料』

玉村は、「直末寺」や「本庵」の存在から、江戸時代の禅宗寺院において法系の観念が希薄化したと結論づけました。しかし、玉村の研究は、江戸幕府の政策によって本山中心の教団組織が成立したことを重視しすぎていると私は考えます。禅宗教団が「不立文字、教外別伝」という言葉に代表されるような特質を失わない限りは、江戸時代の法系にも実質的な意味が存在していたはずだからです。そこで、玉村が円覚寺の事例で明らかにした集権的な本山組織は、江戸時代における歴史的な展開の中で段階的に形成されたのではないかという仮説を設定して分析を進めていきます。

また、第二部では、思文閣出版から刊行されている『相国寺史料』という史料集を主たる分析の材料として使用します。この史料集は、大正〜昭和初期の相国寺塔頭長得院住持であり、近代京都五山を代表する学僧であった小畠文鼎《おばたぶんてい》がまとめた「相国寺史稿」を活字化したものです。「相国寺史稿」は、慶長十年（一六〇五）から慶応三年（一八六七）までの相国寺に関係する史料を網羅的に収集したもので、全四十冊あります。「相国寺史稿」の掲載史料の多くは、相国寺に所蔵される「参暇寮《さんかりょう》日記」からの引用です。参暇とは、現代的な表現で言えば宗務総長に当たる役職です。天和二年（一六八二）から明治初年までのものが残存している「参暇寮日記」の内容も踏まえながら、江戸時代の相国寺についてて考えていきたいと思います。

## 2　江戸時代における門派

### 山内門派の全体像

まず、江戸時代の相国寺にはどのような門派が存在していたのかを、享保六年（一七二一）に作成された「相国塔頭末派略記ならびに歴代」という史料から確認します。この史料は、相国寺から金地僧録に提出されたものであり、相国寺山内各塔頭の沿革が記されているのですが、その中に山内法系についての記載があるのです。それらの情報をまとめたものが**表1**です。なお、表中の「法嗣《はっす》」とは師から仏法の奥義を受け継いだ者のことです。

表1　「相国塔頭末派略記ならびに歴代」にみる相国寺山内の門派

| No. | 門派 | 塔頭 | 江戸時代の門派形成に関連する記述 |
|---|---|---|---|
| 1 | —— | 真如寺 | 無学祖元(1226～86)が開山。 |
| 2 | | 正脈庵 | 無外如大(？～？)が開祖。 |
| 3 | —— | 崇寿院 | 相国寺勧請開山夢窓疎石(1275～1351)の塔所。 |
| 4 | —— | 鹿苑院 | 足利義満(1358～1408)が創建。 |
| 5 | 大智派 | 大智院 | 春屋妙葩(1311～88)が開祖。 |
| 6 | | 光源院 | 春屋妙葩の法嗣元容周頌(？～1425)が開祖。惟高妙安(1480～1567)・亀伯瑞寿(？～1601)が慈照寺を兼帯。 |
| 7 | | 慈照寺 | 厳中周噩(春屋妙葩法嗣)の法嗣宝処周財(？～1512)が第1世。 |
| 8 | | 養春院 | 天正年間(1573～92)に創建。慈照寺より兼帯。 |
| 9 | | 柏龍軒 | 長禄年間(1457～60)に創建。才岳周篤(？～1637)が初めて大智院派に属す。(聯) |
| 10 | 常徳派 | 常徳院 | 空谷明応(1328～1407)が開祖。寛文4年(1664)に火災で焼失、復興せず。(聯) |
| 11 | | 豊光寺 | 慶長年間(1596～1615)に創建。西笑承兌(1548～1607)が開祖。 |
| 12 | | 大光明寺 | 文禄年間(1592～96)に豊臣秀吉が再興。西笑承兌に与える。元和年間(1615～1624)に伏見郷から相国寺境内へ移転。 |
| 13 | | 心華院 | 慶長年間に創建。西笑承兌が開祖。 |
| 14 | | 養源軒 | 空谷明応の法嗣曇仲道芳(？～1409)が開祖。西笑承兌が住持を務める。 |
| 15 | | 万松院 | 空谷明応の法嗣仙巌澄安(？～1473)が開祖。応仁の乱後、堂舎は復興せず。(聯) |
| 16 | | 巣松軒 | 万松院住持梅雲等意の法嗣梅仙等真(？～？)が文明年間(1469～87)に創建。参庵周仝(？～1636)が西笑承兌の徒弟。 |
| 17 | | 桂芳軒 | 空谷明応の法嗣堯夫承勛(？～1422)が創建。西笑承兌が住持を務める。 |
| 18 | | 鹿苑寺 | 足利義満が創建。その後は鹿苑僧録退職者が輪番。徳川家康の厳命により西笑承兌が住持を務める。 |
| 19 | | 徳渓軒 | 原古志稽(？～1475)が開祖。 |
| 20 | | 劫外軒 | 天正年間に創建。西笑承兌の法嗣文嶺承良(？～1612)が住持を務める。 |
| 21 | | 大通院 | 応永年間に創建。西笑承兌の師である中華承英(？～？)が住持を務める。 |

| No. | 門派 | 塔頭 | 江戸時代の門派形成に関連する記述 |
| --- | --- | --- | --- |
| 22 | 一山派 | 雲頂院 | 一山派雪村派下の太清宗渭(1321～91)が開祖。 |
| 23 | | 瑞春庵 | 一山派雪村派下の亀泉集証(1424～93)が開祖。 |
| 24 | | 久昌軒 | 松岩宗勤(？～1573)が開祖。 |
| 25 | | 雲泉軒 | 亀泉集証の法嗣仁如集堯(1483～1574)が開祖。 |
| 26 | | 玉龍軒 | 一山派雪村派下の雲渓支山(1330～91)が開祖。 |
| 27 | 勝定派 | 勝定院 | 絶海中津(1336～1405)が開祖。 |
| 28 | | 雲興軒 | 絶海中津の法嗣宝山乾珍(？～1441)が開祖。雪岑梵崟(？～1663)が善応院を兼帯。 |
| 29 | | 善応院 | 慶長年間に創建。雲岫永俊が開祖。池田輝政の母の菩提寺。 |
| 30 | —— | 普広院 | 観中中諦(1342～1406)が開祖。 |
| 31 | —— | 法住院 | 春屋妙葩の法嗣万宗中淵(？～1410)が開祖。 |
| 32 | | 慶玉軒 | 法住院の寮舎。春屋妙葩の法嗣円鑑梵相(？～1410)が開祖。 |
| 33 | 慧林派 | 慧林院 | 大岳周崇(1345～1423)が開祖。 |
| 34 | | 南豊軒 | 大岳周崇の法嗣子璧全固(？～1457)が開祖。 |
| 35 | | 冷香軒 | 子璧全固の法嗣東明梵杲(？～1501)が開祖。(聯) |
| 36 | 慶雲派 | 慶雲院 | 無求周伸(？～1413)が開祖。 |
| 37 | | 松鷗庵 | 大梁梵梓(無求周伸法嗣)の法嗣綿谷周瓞(？～1472)が開祖。 |
| 38 | | 慈雲庵 | 無求周伸の法嗣瑞渓周鳳(1391～1473)が開祖。 |
| 39 | | 林光院 | 松鷗庵住持文聡寿顗の法嗣雲叔周悦(？～1579)が中興。 |
| 40 | 慈照派 | 慈照院 | 龍湫周沢(1308～88)の法嗣在中中淹(1342～1428)が開祖。 |
| 41 | | 梅岑軒 | 慈照院の寮舎。桃源瑞仙(？～1489)が開祖。 |
| 42 | | 梅熟軒 | 龍湫周沢が開祖。 |
| 43 | | 泰胤庵 | 天正年間に創建。梅熟軒住持香林周国が開祖。 |
| 44 | | 富春軒 | 天正年間に創建。慈照院住持有節瑞保(1548～1633)の法嗣如天瑞玄(？～1636)が住持を務める。 |
| 45 | | 禅集庵 | 有節瑞保が開祖。 |
| 46 | | 瑞林軒 | 慈照院兼帯。享徳年間(1452～55)に創建。 |
| 47 | —— | 長得院 | 絶海中津の法嗣顎隠慧奯(？～1425)が開祖。 |
| 48 | | 亨川軒 | 長得院の寮舎。延文年間(1356～61)に創建。 |

※「江戸時代の門派形成に関連する記述」覧の文章のうち、末尾に(聯)が付いているのは『万年山聯芳録』から補足した。

表1からは、No.5からNo.9までの大智派、No.10からNo.21までの常徳派、No.22からNo.26までの一山派、No.27からNo.29までの勝定派、No.33からNo.35までの慧林派、No.36からNo.39までの慶雲派、No.40からNo.46まで慈照派と、山内には七つの門派が存在していたことが分かります。

**門派の二類型**

これらの門派は、その性質から二つのタイプに類型化できます。第一類型は室町時代以来の法系に基づく門派です。例えば、大智派は中心的な塔頭である大智院の開祖が相国寺第二世住持の春屋妙葩《しゅんおくみょうは》です。大智派に属する光源院・慈照寺を見ると、春屋の法系につながる僧侶が開祖となっています。

それから一山派ですが、これは建長寺・円覚寺・南禅寺などの住持を務めた一山一寧《いっさんいちねい》の法系に連なる門派です。相国寺の住持をしていない一山の法系がなぜ相国寺山内に含まれたかについては、玉村竹二が『日本禅宗史論集』の中で経緯を明らかにしています。

開創当初の相国寺は、特定の門派に属する僧侶が住持を独占することができない十方《じっぽう》住持刹《じゅうじさつ》という位置付けの寺院でした。十方住持刹は禅宗寺院の本来的なあり方です。相国寺の歴代住持は、第一世が勧請開山《かんじょうかいさん》である夢窓疎石《むそうそせき》、第二世が春屋、第三世が空谷明《くうこくみょう》応《おう》であり、春屋・空谷ともに夢窓門下です（図1参照）。第四世の太清宗渭《たいせいそうい》、第五世の雲《うん》渓支《けいし》山《ざん》は一山の法系に属しています。住持になる人材を広く求める十方住持刹ですので、

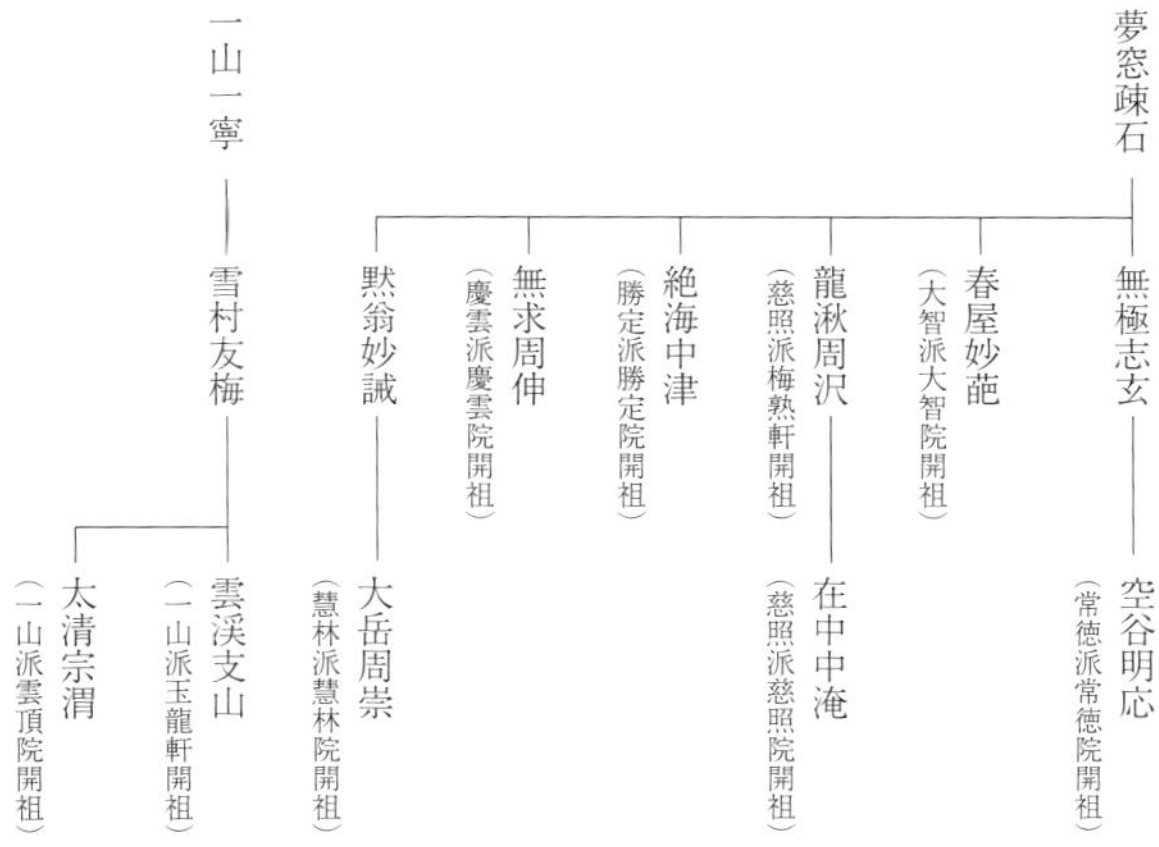


**図1　山内門派関係法系図**
※『五山禅林宗派図』より作成。

一山の法系から住持が入ったのです。

第六世が夢窓派の絶海中津《ぜっかいちゅうしん》です。応永四年（一三九七）に絶海は二回目の住持を務めるのですが、そのときに足利義《あしかがよし》満《みつ》が相国寺住持は夢窓派の僧侶が務めよとの命令を出したために、その後の相国寺住持は夢窓派に独占されることになります。しかし、一山派に属する雲頂院と玉龍軒の既得権はそのまま認められたので、相国寺山内に一山の法系が残ることになったのです。

勝定派は絶海、慈照派は在中中淹《ざいちゅうちゅうえん》、慶雲派は無求《むぐ》周伸《しゅうしん》、慧林派は大岳周崇《だいがくしゅうすう》と、いずれも夢窓派の僧侶が中心的塔頭

の開祖になっています。

第二類型は、室町時代以来の法系を基礎としながらも、江戸時代に新たに編成された門派です。これに当たるのが常徳派です。常徳派の中心的塔頭である常徳院の開祖は空谷ですが、**表1**を見ると、常徳派は空谷の法系に連なるというよりも、西笑承兌《せいしょうじょうたい》（**写真11**）が住持を務めたことがある塔頭によって構成された門派と考えた方が適切です。江戸時代の相国寺山内において西笑の影響力が巨大であったことがうかがえます。

次に、相国寺山内の門派のうち、最大勢力であった常徳派を事例に、江戸時代における門派のあり方を具体的に考察したいと思います。

## 3　常徳派の成立

### 西笑承兌の事蹟

常徳派について検討する前提として、西笑承兌の事蹟を振り返りたいと思います。西笑は天文十七年（一五四八）生まれです。五山文学の担い手として著名であった仁如集尭《にんじょしゅうぎょう》から詩文を学び、天正十二年（一五八四）に相国寺住持に就任します。同十三年から同十九年と、慶長二年（一五九七）から同十二年に鹿苑僧録を務めました。また西笑は、豊臣秀吉と徳川家康《とくがわいえやす》に側近として仕えており、外交文書の起草や寺社の訴訟などを取り扱いました。文禄の役（文禄元年〈一五九二〉～同二年の朝鮮出兵）の和平交渉で、「茲《ここ》に特に爾《なんじ》を封じて日本国王と為《な》す」という明からの冊封状《さくほうじょう》を西笑が秀吉の面前で読み上げたという有名な逸話がありますが、これは江戸時代中期に成立した頼山陽《らいさんよう》の『日本外史』に掲載されている話で、俗説とされています。

### 西笑承兌の死と門弟の誓約書

西笑は、慶長十二年に入ると体調を崩します。以下の史料は歴代鹿苑僧録の日記である『鹿苑日録』からの引用ですが、九月七日には「持病少し出る、（中略）少し腫気《しゅき》の心あり」と腫気（全身のむくみ）の持病が出ています。十月二十二日には「散々の体、十死一生の

写真11　西笑承兌頂相

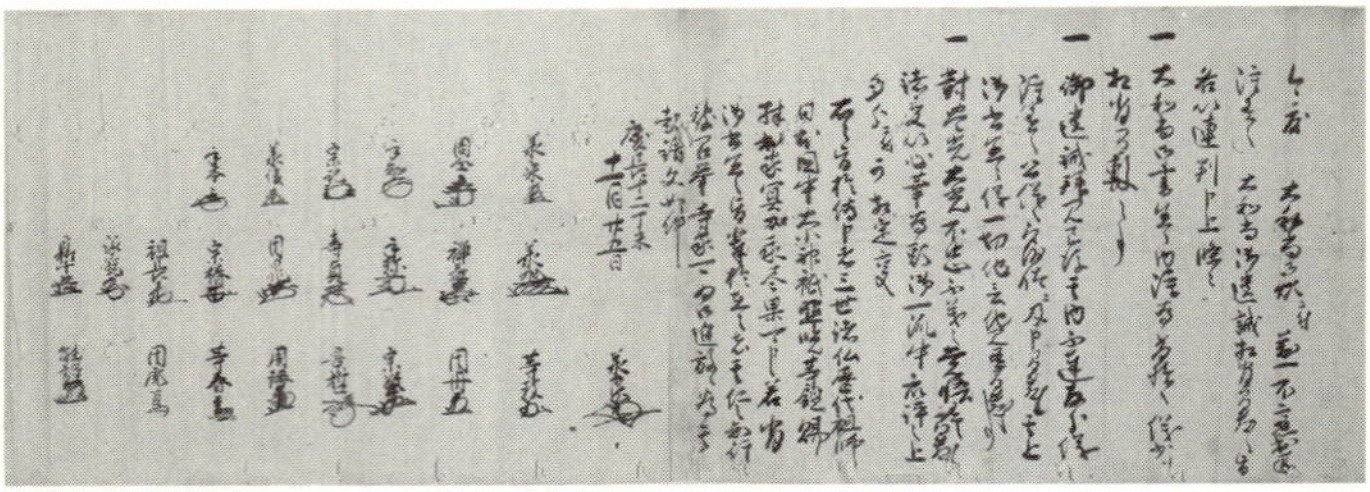

写真12　常徳派起請文

体なり」と容態が急変しました。十二月二十七日には危篤になりまして、「高声で喚《わめ》き応ぜず、（中略）俄《にわか》に示寂《じじゃく》す、長病の頓《とん》死《し》なり」というように急死します。

西笑の死去にさかのぼること約一ヵ月前の十一月二十五日に、弟子たちが集まって起請文（神仏への誓いを記した文書、**写真12**）を作成して西笑没後のことを取り決めています。起請文の誓約内容は以下の三ヵ条です。

一、大和尚（西笑）の遺書の内容は、どのようなことであっても違犯してはならない。

一、遺書を拝見した後は、内容に不満があったとしても幕府への訴訟に及んではいけない。その上、遺書について一切他言・他見をしてはならない。

一、（西笑が開祖である）豊光寺・大光明寺に対して不忠不義の気持ちを持ってはならない。諸事心華院を中心として、一派が話し合って多数決で物事を定めるべきである。

誓約内容の後には、違犯すれば神罰・仏罰が下ること、寺から追放されることを述べる文言があり、末尾に西笑の弟子であった二十四名の僧侶による署名があります。この起請文によって、弟子たちはお互いの結束を確認したのです。なお、江戸時代前期の京都における上流文化を知る上で重要な『隔冥記《かくめいき》』の著者である鹿苑寺の鳳林承章《ほうりんじょうしょう》は西笑の弟子なのですが、この起請文には署名していません。

### 西笑承兌の遺書

次に、起請文で遵守の対象となっている西笑が残した遺書の内容を検討する必要があります。現在確認できる西笑の遺書は次の七点です。

①慶長八年「開祖和尚譲状案文《ゆずりじょうあんもん》」
②同年十二月「本知《ほんち》寺《じ》領分譲与《りょうぶんじょうよ》諸徒《しょと》目録」
③同十一年十二月「申置《もうしおき》条々」二通
④同十二年十一月二十五日「常徳院の儀申置条々」
⑤同日「小補軒の儀申置条々」
⑥同日「劫外軒の儀申置条々」

七点の起請文のうちで、特に重要と考えられる①・②の内容について要点を抜き出せば以下の通りです。まず、西笑が所持していた財産の分配方法が記載されています。分配対

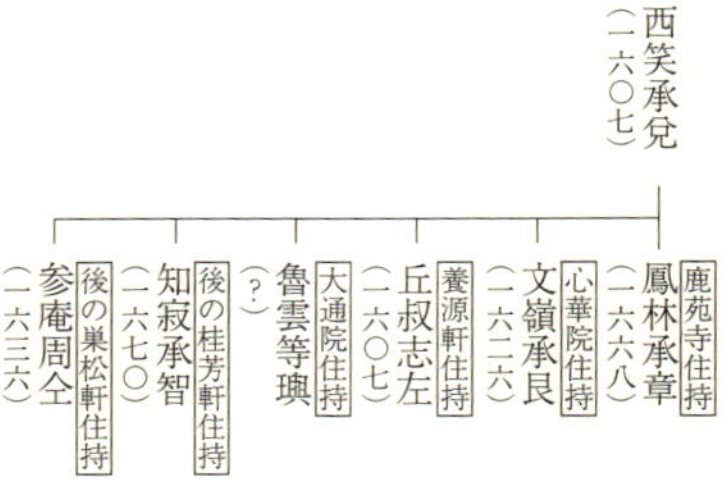


**図2「開祖和尚譲状案文」にみる主要相続者**
※僧侶名の左にある括弧内の数字は没年。

象になっていた主要な人物は、鹿苑寺住持鳳林、心華院住持文嶺《ぶんりょう》承艮《じょうこん》、養源軒住持丘叔《くしゅく》志左《しさ》（慶長十二年十月に死去）、大通院住持魯雲等璵《ろうんとうよ》、後に巣松軒・桂芳軒の住持となった知寂《ちじゃく》承智《じょうち》・参庵周仝《さんあんしゅうどう》の六名です（図2参照）。相国寺山外に所在する鹿苑寺住持であった鳳林は、恐らく弟子たちの中では別格扱いになっていたものと考えられます。起請文で心華院を中心に合議を行うことが定められていたことから、鳳林を除く弟子たちの中では文嶺が統率者として位置づけられていたことが分かります。

また、豊光寺と大光明寺の管理について次のように規定されています。

①文嶺と丘叔が住持をしている心華院・養源軒を相続する僧侶は、平僧《ひらそう》であったとしても豊光寺・大光明寺の院主を輪番で務めるべきであること。
②その他の徒弟は、出世の法階になってから院主代として輪番に入ること。
③毎年三月晦日に輪番を交代するので会計を怠ってはならないこと。

豊光寺と大光明寺の住持は西笑の弟子が一年交替の輪番で務めるのですが、心華院・養源軒の住持とそれ以外の弟子とでは、平僧であっても輪番に入れるか否かで格差が設けられていました。平僧とは、図3で示した臨済宗五山派僧侶の法階のうちで前堂首座《ぜんどうしゅそ》以下のことを指します。また、東堂《とうどう》・西堂《せいどう》の法階に昇ることは出世と呼ばれました。心華院・養源軒住持以外の弟子は、出世まで昇進して初めて院主代に就任することができたのです。

③〜⑥の遺書の内容も確認します。③では、豊光寺・大光明寺・養源軒の蔵は文嶺が差配せよとされている点が重要です。文嶺の権限の大きさが理解できます。④では、荒廃した常徳院の修理領として黄金三枚・銀七十枚を寄付するので、心華院を筆頭に、養源軒・小補軒（常徳院に附属する寮舎）・劫外軒・大通院を看坊する僧侶が話し合って諸事を整えよとされています。⑤・⑥は④と同じような内容です。

七点の遺書の要点をまとめると、豊光寺・大光明寺の住持は輪番で務めること、心華院住持の文嶺を中心に話し合いで物事を決めることを定めています。これら

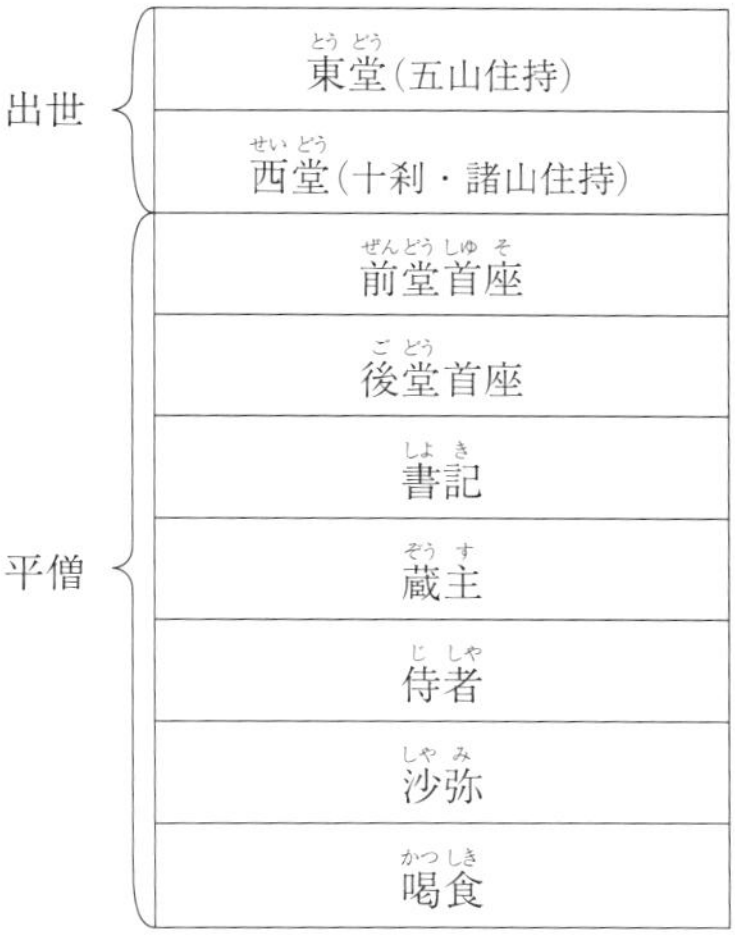


図3　江戸時代の臨済宗五山派法階

七点の遺書と起請文の作成によって、西笑の弟子たちは常徳派としての結びつきを確立したものと評価できるでしょう。

## 4　豊光寺・大光明寺輪番争論一件

### 輪番争論の勃発

常徳派の僧侶たちは、西笑承兌の残した遺書に基づいて結束することを誓いました。しかし、西笑没後十三年が経過した元和七年（一六二一）、早くも豊光寺と大光明寺の輪番をめぐって派内で争いが発生します。

五月十六日に、桂芳軒住持知寂承智と巣松軒住持参庵周全が、京都所司代（幕府の京都における出先機関）板倉重宗《いたくらしげむね》に対して常徳派の運営をめぐる訴状を提出します。内容は、文嶺承良が危篤になったので（三日後に死去）、豊光寺・大光明寺にある「大事の諸道具」の詮索と蔵の封印を行うべきと主張するものでした。それに対して、板倉は訴状に裏書きして両名に返却します。裏書きの内容は、弟子たちが相談して決めるべきことであり、所司代としては関知しないとするものでした。

訴状を却下された知寂と参庵は、五月二十二日になり「相国寺御奉行禅師」（具体的に誰かは不明）に、文嶺の一派が豊光寺・大光明寺を「独住所」（独占的に住持を務める寺）と主張していることについて、それを否定する訴えを起こします。それに対して、六月四日に仙室周坦《せんしつしゅうたん》・仁英承復《にんえいじょうふく》・興宗承本《こうしゅうじょうほん》・雲峰承霈《うんぽうじょうじゅ》・霊室宗記《りょうしつそうき》・騫叔等誾《けんしゅくとうぎん》の六名が反論を行います。図2との連続性を意識しつつ、この六名と知寂・参庵の関係を図示したのが図4です。

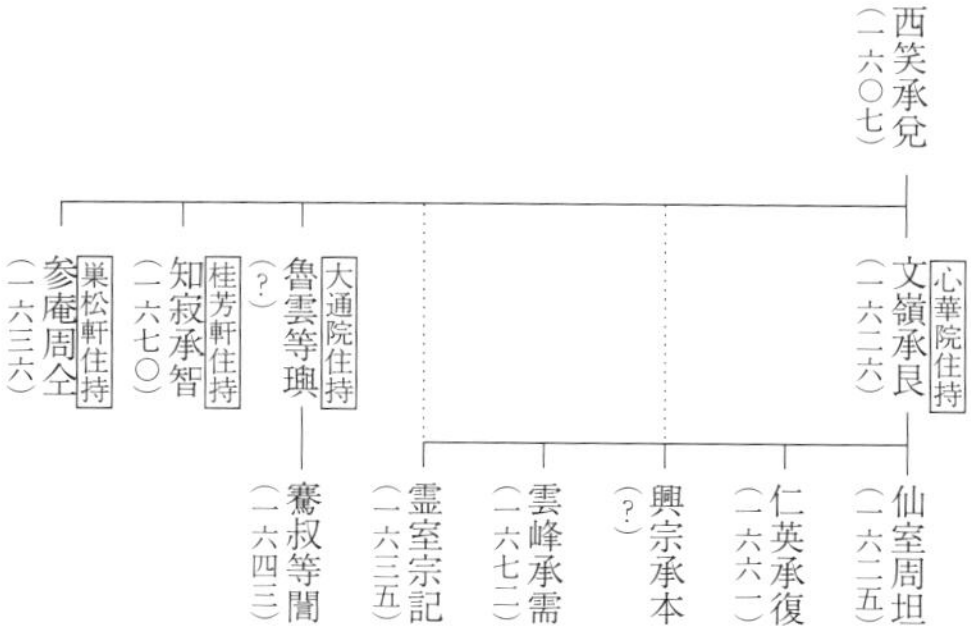


図４　豊光寺・大光明寺輪番争論における常徳派内の関係

※僧侶名の左にある括弧内の数字は没年。興宗承本・霊室宗記は常徳派起請文に署名していることから、西笑の弟子でもあったことが分かる。

仙室・仁英・興宗・雲峰・霊室の五名は文嶺の弟子です。そのことは、金地僧録以《い》心崇《しんすう》伝《でん》の日記『本光国師日記』十月十六日条に、この五名が文嶺の遺物を手許に留めていると記されていることから分かります。騫叔は、後述するように大通院住持魯雲等璵の弟子です。彼ら六名の反論の内容は、豊光寺・大光明寺は徳川家康から文嶺と魯雲に独住所として与えられたとするものでした。

豊光寺・大光明寺は輪番で管理するように西笑の遺言で定められたことを先に述べまし

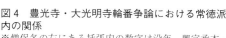

た。知寂・参庵の主張は、文嶺の弟子五名と鷟叔がその遺言に背いて豊光寺・大光明寺を独占しようとしていることを糾弾するものでした。さらに知寂・参庵が、自分たちが西笑の甥であること、豊光寺・大光明寺が輪番所であると文嶺が言明した証拠と西笑の遺書を所持していることの二点を幕府首脳へ訴えたために、訴訟の場は江戸に移ることになります。

**幕府首脳への出訴**

元和七年十一月十五日に、江戸に下った仙室・鷟叔と知寂が、老中土井《どい》利勝《としかつ》・本多《ほんだ》正純《まさずみ》・酒井《さかい》忠世《ただよ》と崇伝の面前で対決しました。両者の主張を聞いた土井は、西笑が亡くなったころの経緯は、当時の京都所司代であった板倉勝重《かつしげ》（元和六年に板倉重宗と交替）と本多・崇伝が覚えているであろうから、取り敢えず本多と崇伝が相談せよと言います。崇伝は、自分の記憶について『本光国師日記』に次のように書き残しています。

①西笑が死去した時には、豊光寺は七百石、大光明寺は三百石の寺領を所持しており、文嶺と魯雲が輪番で住持を務めていた。

②慶長十九年（一六一四）に、徳川家康は右の寺領千石のうち七百石を没収して、二百石を豊光寺、百石を大光明寺に再配分し、豊光寺は文嶺が、大光明寺は魯雲が住

持すべき旨を仰せになった。

③それ以降は両寺は独住所となった。

崇伝はこのことを本多に話しますが、本多は明確には覚えていませんでした。土井・本多・酒井・崇伝は、十一月二十一日に板倉勝重へ問い合わせの書状を出します。板倉はそれを受けて事実関係を相国寺に尋ねました。二十九日に相国寺は次のような回答を行います。

①家康が寺領を再配分したときに与えられた大光明寺領百石は、魯雲が死去した際に弟子である鶱叔が受け取るべきであったが、文嶺が承知しなかった。

②相国寺山内の東堂・西堂衆が相談をして、西笑の遺書通りにすべきだと文嶺に申し入れたが、同意しないまま死去した。

③豊光寺・大光明寺を文嶺の一派が独住所だと主張しているが、それは西笑の遺書に背いている。

元和九年八月二十七日の徳川秀忠《ひでただ》上洛に際して、京都所司代屋敷に集まった幕府首脳は、豊光寺と大光明寺は輪番所であり、知寂・参庵も輪番衆に加えるべきとする最終的な判断を下しています。

**争論の論点**

本一件について論点をまとめます。慶長八年「開祖和尚譲状案文」では、心華院・養源軒住持は平僧であっても豊光寺・大光明寺の院主を務めることができる、それ以外の徒弟は出世の法階になってから院主代に就くことができるとされていました。西笑は、輪番制度において心華院・養源軒住持を他の徒弟よりも優越させたのです。それに従って、西笑死後の豊光寺と大光明寺は文嶺と丘叔志左が輪番で住持を務めるはずであったのですが、丘叔は西笑に間を置かず亡くなりますので、徒弟の中で西堂の職にあった魯雲が輪番に入ったものと考えられます。慶長十九年に家康が寺領の没収と再配分を行い、それからまもなくして魯雲が亡くなってからは、文嶺が豊光寺と大光明寺の権利を独占するようになり、その後の訴訟に至ったのです。

訴訟において知寂・参庵は、文嶺の権益を継承しようとする六名の僧侶を糾弾する主張を行いました。「開祖和尚譲状案文」では、心華院・養源軒以外の徒弟は出世の法階に達してから輪番に入るとされているのであり、桂芳軒・巣松軒住持が輪番の権利を獲得していたわけではありませんでした。しかし、彼らが訴訟で勝った結果、文嶺を中心に形成されていた常徳派の権力構造が突き崩され、新たに輪番に入ることが可能になったのです。

## 5　輪番争論その後

### 心華院・養源軒と桂芳軒・巣松軒の争い

訴訟が終結してから五年後の寛永元年（一六二六）九月二十七日、西笑が残した財産である豊光寺修理料・地屋敷・書籍の管理などについて、心華院住持仁英承復・養源軒住持雲峰承需・桂芳軒住持知寂承智・巣松軒住持参庵周仝の四名が申し合わせを行いました。そして、同三年にこの四名によって壁書《へきしょ》（規則）が作成され、輪番が開始されることになったのです。図5はこの四名以降の法系図です。

［心華院］仁英承復（一六六一）―清蔭承藤（一六八二）―芳渚祖桂（一七〇八）―瑾英承謹（一七〇九）
［養源軒］雲峰承需（一六七二）―江隠承澄（一六八〇）―観渓承頤（一七〇八）
［桂芳軒］知寂承智（一六七〇）―文渓承篆（一六八一）―天心承育（一七二九）
［巣松軒］参庵周仝（一六三六）―景臨周順（一六八三）―九峯承達（一七〇八）

図5　輪番四塔頭法系図
※僧侶名の左にある括弧内の数字は没年。

ようやく豊光寺・大光明寺の輪番が軌道に乗るのですが、十年余りで破綻します。その端緒になったのは、元和六年（一六二〇）に発生した大光明寺の火災です。焼失した庫裡・客殿の再建費用を捻出するために、寛永十五年から輪番を停止して、知寂が両寺領の管理を行うようになりました。この状況に不満を募らせた仁英と雲峰は、慶安五年（一六五二）九月八日に幕府寺社奉行所へ訴え出たのです。訴えの内容は、知寂が豊光寺・大光明寺領三百石の年貢米勘定を怠るとともに、蔵の封を開いて道具を自由にしているとするものでした。

承応元年（一六五二）十月四日、巣松軒住持を継いだ景臨周順《けいりんしゅうじゅん》と知寂は次のような反論を行います。すなわち、仁英と雲峰を輪番から除いたのは契約に背いたからであり、自分たちは私的な年貢勘定などしていないとするものです。そして、仁英と雲峰の契約違反について、以下の六項目を列挙しました。

①常徳派の一員である劫外軒住持興宗承本が、仁英と雲峰の支援を得て自らを輪番に加えるように板倉重宗・酒井忠勝《ただかつ》に訴状を提出した。
②大光明寺の仏事を仁英が私的に執行した。
③豊光寺・大光明寺の地屋敷・書籍を検査しなかった。
④仁英が小補軒を私的に取り潰して心華院と一体化した。
⑤常徳派の本坊常徳院を大破させて寺屋敷を削り取った。
⑥西笑の遺品のうち、無準《ぶじゅん》師範《しはん》の墨跡などを私的に売却した。

翌承応二年に幕府評定所（江戸町奉行・寺社奉行・勘定奉行と老中一名で構成される最高裁

判機関）で知寂・景臨と仁英・雲峰が対決します。同年九月二十七日に寺社奉行松平《まつだいら》勝《かつ》隆《たか》・安藤重長《あんどうしげなが》が金地僧録に宛てた書状で、「西笑の遺書の通りに双方が納得のこと」と述べていることから、寺社奉行は元和年間の訴訟の判決を踏まえ、豊光寺・大光明寺は四塔頭で輪番せよとの裁許を下したことが分かります。

## 長引く争論と和解

この裁許でも輪番は再開できませんでした。承応二年十二月十日に、知寂が年貢勘定を終えるまでは桂芳軒と巣松軒を輪番に入れないと仁英と雲峰が主張したからです。寛文七年（一六六七）には、仁英と雲峰は景臨の秉払《ひんぽつ》（出世の法階になるための儀式）を差し止めるとともに、年貢勘定ができるまで輪番を望まない旨の証文を差し出すように桂芳軒住持を継いだ文渓承篆《ぶんけいじょうてん》と景臨に要求します。これを受けて、同年十月四日に文渓と景臨は証文を提出しました。そして、延宝五年（一六七七）になり、ようやく年貢勘定帳が調えられることになったのです。

しかし、心華院・養源軒住持を継いだ清陰承藤《せいいんじょうとう》・江隠承澄《こういんじょうちょう》は、十年以上が経過してから勘定を行うことは我がままであり了解できない。帳面の内容も納得できない、とする主張をしています。

その後の詳しい経緯は史料が残っていないために分からないのですが、正徳四年（一七一四）七月に、相国寺山内和尚二十七名の衆議によって両者は和解することになります。そのときの誓約書では、承応二年の寺社奉行裁許に従い、四塔頭が毎年の式日をもって輪番を交替することが定められました。しかし、四塔頭ともに輪番ができる住持がいないため（宝永五年〈一七〇八〉に心華院住持芳渚祖《ほうしょそ》桂《けい》・養源軒住持観渓承頤《かんけいじょうい》・巣松軒住持九峯承《きゅうほうじょう》達《たつ》、同六年に心華院住持瑾英承謹《きんえいじょうきん》が死去、図5参照）、桂芳軒住持天心承育《てんしんじょういく》は法階が前堂首座であるが輪番に加えること、桂芳軒・巣松軒は貧寺ゆえに出世の法階に至ることが希有《けう》であるため、今後は前堂首座以上で輪番を務めることの二点も合わせて規定されたのです。

## 6　まとめ

**常徳派の特質**

本講の内容をまとめます。

江戸時代の相国寺には法系に基づく七つの門派が存在しました。それを類型化すると、①室町時代から続く法系を色濃く残すものと、②室町時代以来の法系を基礎としながらも、江戸時代に新たに編成されたものという二つに分けることができます。

②類型である常徳派は、西笑承兌の法系に連なる僧侶によって構成されていました。西笑の遺言によって、豊光寺と大光明寺の住持は常徳派の僧侶が輪番で務めることが決まりましたが、両寺の権利をめぐって百年近くにわたって激しい訴訟が繰り広げられたのです。

常徳派の中心的な塔頭は、寛文四年（一六六四）に焼失した空谷明応の塔所である常徳院です。西笑は空谷の法系に連なっていたのであり、江戸時代において弟子たちが新たに西笑の塔所を建立したわけではありません。よって、常徳派も室町時代以来の法系に基づいていたと指摘できると思います。

しかし、常徳派の僧侶たちが遺書の解釈をめぐって激しく争ったのは、西笑の法を継承していることを強く意識していたからであり、冒頭で述べた玉村竹二の研究のように、常徳派を法系尊重の観念が希薄な便宜的結合とまで低く評価できるかは疑問です。常徳派は、西笑の遺書を受けて慶長十二年の起請文が作成されたときを起点として再編成された江戸時代的な門派なのです。

また、豊光寺は二百石、大光明寺は百石の寺領を所持していました。輪番住持に就くことによって、一年間はこの寺領の年貢米を差配することができるのです。江戸時代の相国寺領全体は千七百六十二石余りで、それが**表2**のように各塔頭に配分されていました。各塔頭のほとんどは五十石以下の寺領しか所有していなかったのであり、このような経済基盤が弱い塔頭住持たちにとって、豊光寺と大光明寺の管理ができることには大きな意味がありました。法系には、師の法を受け継ぐという聖の側面と、師の財産を相続するという俗の側面が存在したのです。

表２　相国寺本山塔頭寺領一覧

| No. | 名称 | 石高 | No. | 名称 | 石高 |
|---|---|---|---|---|---|
| 1 | 崇寿院 | — | 25 | 小補院 | 19石44375 |
| 2 | 豊光寺 | 200石 | 26 | 巣松軒 | 19石329 |
| 3 | 大光明寺 | 100石 | 27 | 常在光寺 | 17石74375 |
| 4 | 鹿苑院 | 85石22525 | 28 | 大通院 | 17石 |
| 5 | 心華院 | 49石1674 | 29 | 玉竜庵 | 15石99054 |
| 6 | 瑞春庵 | 48石87755 | 30 | 禅集庵 | 15石96955 |
| 7 | 光源院 | 44石70878 | 31 | 養源軒 | 15石555 |
| 8 | 梅岑軒 | 42石93945 | 32 | 退蔵庵 | 15石19724 |
| 9 | 富春軒 | 37石2793 | 33 | 柏竜軒 | 12石444 |
| 10 | 劫外軒 | 36石44375 | 34 | 泰胤庵 | 11石97735 |
| 11 | 長得院 | 36石21515 | 35 | 徳渓軒 | 11石70323 |
| 12 | 桂芳軒 | 34石77942 | 36 | 大智院 | 11石48745 |
| 13 | 林光院 | 34石41077 | 37 | 久昌軒 | 11石096 |
| 14 | 慈照院 | 30石01605 | 38 | 南豊軒 | 9石59225 |
| 15 | 慶雲院 | 28石18789 | 39 | 慈雲庵 | 9石40301 |
| 16 | 養春院 | 27石22125 | 40 | 冷香軒 | 8石84561 |
| 17 | 法住院 | 26石05463 | 41 | 松鷗庵 | 6石50978 |
| 18 | 慶玉軒 | 25石66575 | 42 | 勝定院 | 6石22994 |
| 19 | 雲興軒 | 24石055 | 43 | 雲頂院 | — |
| 20 | 常徳院 | 23石56583 | 44 | 恵林院 | — |
| 21 | 亨川軒 | 23石3325 | 45 | 万松院 | — |
| 22 | 普広院 | 21石89212 | 46 | 晴雲軒 | — |
| 23 | 梅熟軒 | 20石77386 | 47 | 善応院 | — |
| 24 | 雲泉軒 | 19石4665 | 48 | 瑞林軒 | — |

※天明８年（1788）「禅宗済家五山相国寺本末牒」（『江戸幕府寺院本末帳集成』）より作成。「石高」覧の石以下の単位は斗・升・合・勺・才。

## 「近世仏教堕落論」

玉村による門派や法系に対しての評価は、日本仏教史の泰斗《たいと》である辻善之助《つじぜんのすけ》が提唱した「近世（江戸時代）仏教堕落論」の影響を受けていると考えられます。「近世仏教堕落論」とは、織豊《しょくほう》政権期の仏教弾圧と江戸幕府の宗教統制によって、江戸時代の仏教は他の時代に比べて堕落したという考え方です。このような物の見方に影響されていると、江戸時代の門派や法系を積極的に評価することはできなくなるでしょう。しかし、相国寺の実態を細かく分析していくと、江戸時代を生きた僧侶たちも寺を成り立たせるために必死の努力をしていたことが分かります。それは、決して軽視してはならないものだと私は考えます。具体的な分析を通じて江戸時代の仏教や寺院のイメージを再構成する必要があるのではないでしょうか。

# 第二講　安土桃山～江戸時代中期における大智派と光源院・慈照寺

## 1　安土桃山時代における大智派

### 鹿王院からの訴訟

本講では、前講の考察結果が他の門派にも当てはまるのかを検証するために、大智派について分析します。大智派は、相国寺第二世住持春屋妙葩《しゅんおくみょうは》の法系に基づく門派です。表1（五二～五三頁）ではNo.5～9に該当し、慈照寺と光源院が門派を構成する主要な塔頭《たっちゅう》になっています。大智派の法系を示したのが図6です。江戸時代における大智派の法系は、五山文学の担い手として著名な惟高妙安《いこうみょうあん》から始まります。惟高とその弟子である亀伯瑞寿《きはくずいじゅ》は光源院と慈照寺の住持を兼帯していました。

まず、安土桃山時代までさかのぼって、大智派の成り立ちを考えてみたいと思います。この時期の大智派については、光源院に現存する古文書から詳細を知ることができます。

光源院には、「足利毛利三家ならびに諸家当院古代由緒書七巻写書一冊」との上書がある木箱に入った七本の巻子があり、戦国時代から江戸時代前期までの二百五十通もの古文書が表装されています。

この光源院文書の中に、内容的に天正年間（一五七三～九二）初期のものと考えられる鹿王院住持心叔《しんしゅく》守厚《しゅこう》が光源院住持亀伯に宛てて出した書状が残っています。鹿王院は、元々は京都の嵯峨野に存在した十刹《じっさつ》寺院である宝幢寺の塔頭でした。宝幢寺の開山は春屋

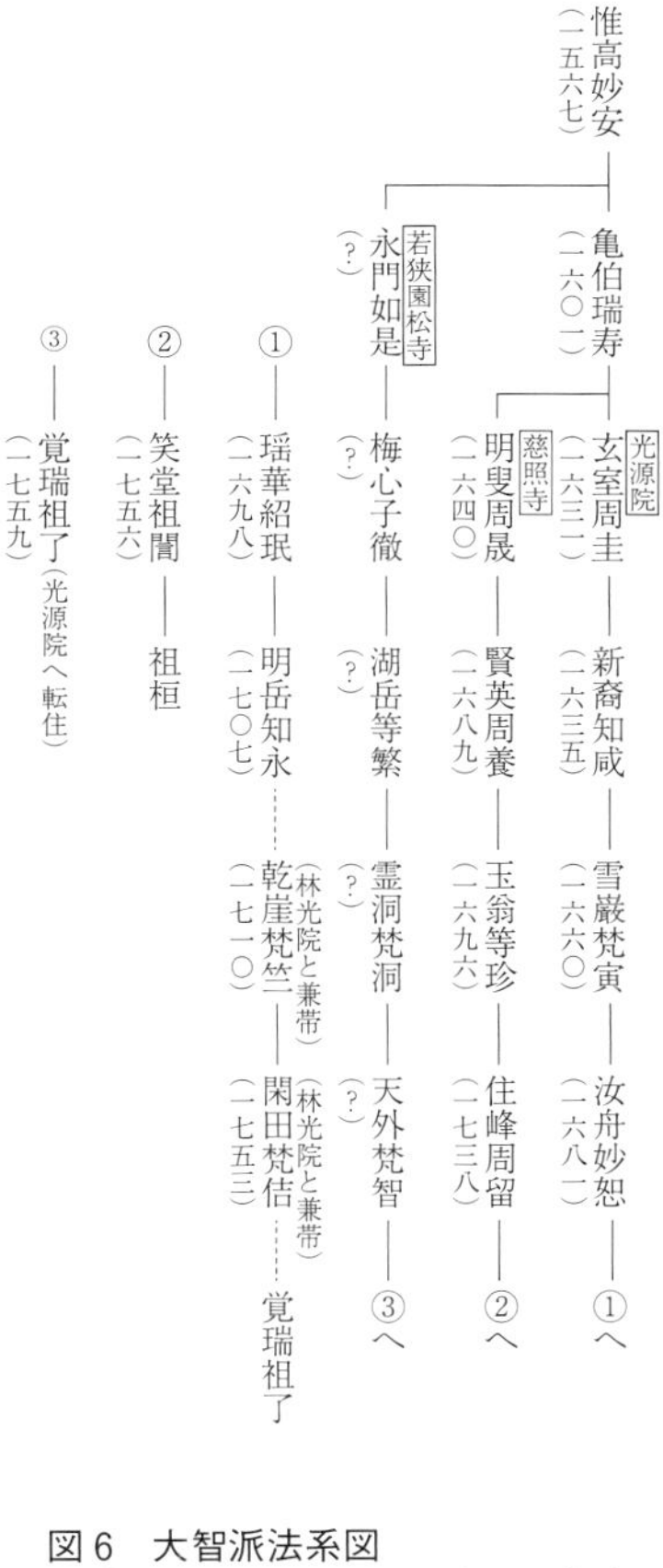

図６　大智派法系図
※『万年山聯芳録』などを基に作成。僧侶名の左にある括弧内の数字は没年。

であり、相国寺の大智派と祖師が同じということになります。宝幢寺は応仁の乱で廃絶し、塔頭の鹿王院だけが残りました。書状の本文を引用します。

慈照寺は当院の末寺であり、厳中《げんちゅう》派（心叔が属する春屋の弟子厳中周噩《げんちゅうしゅうがく》の門派）が所持してきたことは間違いない。以前は厳中派にはたくさん僧侶がいたけれども、皆が地位を失って、自分だけが残ってしまった。

そのようなことなので、去年以来殿様（織田信長《おだのぶなが》）に当院が慈照寺を末寺にしている事情を申し入れて、慈照寺住持として私がたびたび御礼を申し上げていたところ、貴院が殿様に挨拶したいと望んできた。それは理屈が通らないのであり、どのような由緒があって望んでいるのか不審である。

大智院・慈照寺は当院の末寺であり、厳中派が管理してきたのであって、物事の道理に反することは止めていただきたい。

**「総塔頭」**

相国寺とは直接関係のない鹿王院が大智院と慈照寺を末寺にしているという心叔の書状の内容は、どのような意味なのか首を傾げたくなりますが、玉村竹二《たまむらたけじ》が『日本禅宗史論集』の中でこの問題について次のような解答を出しています。

一人の塔（門派の祖である僧侶の塔所《たっしょ》のこと、筆者注）が二箇所以上になると、その内の何《いず》れが、その門派の中心として諸末寺を統合するかといふ事が当然問題になつて来る。（中略）春屋妙葩の一流鹿王門派に就て見れば、春屋妙葩には南禅寺龍華院・天龍寺金剛院・相国寺大智院・建長寺龍興院・宝幢寺鹿王院の諸塔があるが、（中略）鹿王院が是等《これら》他寺の諸塔頭を支配するのみならず、派中の諸末寺をも悉《ことごと》く統合してゐる事を示すものである。諸院を統合する上位の塔頭（中略）を、今仮に総塔頭と称する。

相国寺山内における春屋の塔所は大智院ですが、他の寺院にも春屋を開祖とする塔頭が存在します。玉村は、鹿王院が「総塔頭」としてこれらの塔頭を支配していたことを明らかにしたのです。玉村の所説に従えば、春屋の法系に連なる大智院・慈照寺は鹿王院に従うべきだという心叔の論理が成り立つことになります。

心叔の書状が作成された天正年間には室町時代の社会構造はすでに解体しています。五山に対する室町幕府の保護もなくなっていますので、「総塔頭」がどこまで実質的な機能を果たしていたのかは疑問ではありますが、初期織田政権下においては、訴訟の根拠になり得るほどの意味合いが「総塔頭」にあったことは指摘できるかと思います。

## 相国寺側の反論と織田政権の裁許

以上のような心叔の主張に対して、相国寺の蔭凉職《いんりょうしき》松巌宗勤《しょうがんそうごん》以下五名が明智《あけち》光秀《みつひで》と村《むら》井《い》貞勝《さだかつ》に対して反論の文書を出しています。村井は織田政権下の京都所司代であり、明智も京都の支配に関わっていました。

慈照寺は相国寺の末寺であって、昔から相国寺が支配してきたのは間違いない。言うまでもなく天下の僧録職は鹿苑院が務めている。日本国中の諸山・十刹の住持職は鹿苑僧録が決めているのである。

しかしながら、今鹿王院が慈照寺を末寺だという虚偽を主張していることはもっての外でうさん臭く、天下の笑いものである。

相国寺側は、慈照寺が往昔より相国寺支配であることとともに、臨済宗五山派を支配する鹿苑僧録が山内に存在する事実をもって鹿王院への反論としました。

織田政権は、この訴訟について次のような裁許を下します。すなわち、村井宗信《むねのぶ》（貞勝の弟）が亀伯に出した書状で、

慈照寺は大智派に属しているので、亀伯の入寺はもっともである、

と述べており、相国寺側は勝訴したのです。この裁許をきっかけに、室町時代的な「総塔頭」の論理が否定され、五山のそれぞれが織田政権によって個別に把握される形に変化し

たのではないでしょうか。

豊臣政権下においても、京都所司代であった前田玄以《まえだげんい》が亀伯に宛てた書状の中で、「村井宗信が出した書状の通り慈照寺は光源院が支配せよ」と述べており、光源院の慈照寺支配は引き続き認められました。

## 亀伯瑞寿の遺書

鹿王院との訴訟に勝利し、慈照寺を大智派内に留めることに成功した亀伯は、その権益を弟子たちに引き継がせるために次の三通の遺書を作成しました。

①慶長五年（一六〇〇）一月十一日「亀伯譲状《ゆずりじょう》」
②年未詳「亀伯申置《もうしおき》条々事書《ことがき》」
③慶長六年一月十一日「亀伯置文《おきぶみ》」

①は、光源院住持に就任する玄室周圭《げんしつしゅうけい》に対するものであり、光源院領五十三石余りと私財を譲ることが書かれています。

②は、年記が入っていませんが、慶長五年から同六年の間に作成されたものであり、慈照寺住持に就任する明叟周晟《みょうそうしゅうじょう》に宛てられたものです。大智院の寮舎《りょうしゃ》（塔頭に附属する寺院）である慈徳軒の旧跡と藪を譲渡すること、その軒領として光源院領から二十五石、慈

照寺領から五石を与えることなどが定められています。

③は、大智派での玄室と明叟の関係を次のように規定することが主たる内容でした。すなわち、大智派の中心的塔頭である大智院は、玄室と明叟の両人が一年替わりに輪番で住持を務めること、若年である明叟の法階が蔵主《ぞうす》になるまでは玄室が大智院の管理をすることです。③には別紙が存在しており、慈照寺の山林は玄室と明叟の両人が支配することを決めています。この別紙を補足する書状が慶長七年八月十八日に明叟から玄室に出されており、慈照寺山林を両人で折半することが申し出されました。

## 2　園松寺天外梵知後住一件

### 天外梵知の遺書

亀伯瑞寿の遺書に基づき、大智派は光源院と慈照寺を中心に運営されていくことになりますが、図6から明らかなように、大智派の法系は相国寺山内だけではなく若狭国（現在の福井県嶺南地方）の園松寺にも及んでいました。相国寺から遠く離れた園松寺と大智派との関係がどのように形成されたかを次に考えてみたいと思います。

園松寺は、寺伝によれば天正年間（一五七三〜九二）に若狭国高浜城主であった逸見《へんみ》昌《まさ》経《つね》が開基となり、亀伯の弟子である永門如是《ようもんにょぜ》が開いたとされています。園松寺は大智派法系を受け継ぐ住持によって継承されるのですが、第五世である天外梵知《げんげぼんち》の代に至り、住持の後継をめぐって問題が発生します。

問題の内容は、享保六年（一七二一）四月に園松寺と若狭国の末寺が相国寺に提出した願書から読み取ることができます。願書では天外の遺書が次のように引用されています。

天外は、死去の直前に遺書を光源院に差し出した。その文章には、「思いがけず病気になってしまったが、自分は高齢であるので、まず回復することはないと思っている。自分が死んだならば覚瑞祖了《かくずいそりょう》を後継にして欲しい。覚瑞はまだ若輩者ではあるけれども、自分が務めていた『触流《ふれながし》』の役を相続させていただきたい。自分は長年本山に対して功績を残してきたので、経験のない覚瑞に物事を処理する能力がなかったならば、光源院から（若狭国相国寺末寺の）長福寺・真乗寺に後見を依頼することで、なんとか住持を相続させていただきたい」とあった。

天外は、遺書の中で弟子である覚端への園松寺相続を懇願しました。また、文中で「触流」という言葉が出てきますが、「触」とは触書、すなわち幕府から出される法令を意味します。寺院への触書は幕府寺社奉行から各本山に出され、各本山は一国単位に置かれた触頭《ふれがしら》寺院を経由して末寺へ廻達しました。「触流」とは触頭寺院のことであり、相国寺は園松寺を若狭国触頭寺院に任命していたのです。

## 天外梵知の活躍

また、天外の遺書では、本山に対して彼が功績を残したことが述べられています。その功績とは、寛文四年（一六六四）に幕府が行った本末改《あらため》（各宗末寺調査）に際して、若狭国にある曹洞宗の発心寺、建仁寺末の大成寺と争って、多くの禅宗寺院を相国寺末寺にしたことを指します。

天外は気性が激しい人物であったようです。若狭国の禅宗寺院が発心寺の末寺に組み込まれそうになり、それらの寺々に発心寺からの額が贈られたところ、天外はその額を叩き破って相国寺末寺を広げたとされています。金地僧録竺隠崇五《じくいんすうご》や相国寺住持汝舟妙恕《じょしゅうみょうじょ》は天外の功績を認め、園松寺を触頭寺院に命じました。

天外の没後も触頭寺院は園松寺で相続すべきだと若狭国の末寺は願い出ました。しかし、その願いを受けた光源院は、若輩者であるという理由で覚瑞の触頭就任に難色を示したのです。

## 光源院と若狭国末寺

この問題で注目すべきは、天外が遺書を光源院に差し出したことです。大智派の中で光源院が若狭国の触頭寺院を決定できる権限を有していたことが分かります。天外の後住は、元文三年（一七三八）に若狭国の末寺が再願したことを受けて、翌四年に光源院が覚瑞を住持として認めることで決着しました。

光源院が掌握した若狭国の末寺に対する権限は、次の史料に示すような経済的利益を伴うものでした。

九月一日、掛搭《かとう》。大智院派下若狭国慶雄蔵司《けいゆうぞうす》・祖顕蔵司《そけん》・宗鏡《そうきょう》蔵司、それぞれが光源院より吹嘘《すいきょ》を受けた。

この史料は「参暇寮《さんかりょう》日記」享保八年（一七二三）九月一日条の記事です。大智派である若狭国の慶雄蔵司以下三名が相国寺に掛搭（僧堂に籍を置いて修行すること）したと記録されています。最後に三名が光源院から吹嘘（推挙）を受けたとあり、若狭国末寺の僧侶が相国寺で修行する場合、光源院の推挙が必要であったことが分かります。具体的な金額は分かりませんが、推挙に際しては末寺から光源院に礼銭が納める必要がありました。

**表3**は、天明八年（一七八八）の本末帳における相国寺末寺を示したものです。この段階での相国寺末寺七十八ヵ寺のうち、若狭国末寺は三十六ヵ寺と全体の約四十六パーセントを占めていました。光源院が若狭国末寺の支配権を得たことは、経済的に大きな意味が

表3　相国寺末寺一覧

| No. | 国名 | 郡名 | 寺名 | No. | 国名 | 郡名 | 寺名 | No. | 国名 | 郡名 | 寺名 |
|---|---|---|---|---|---|---|---|---|---|---|---|
| 1 | 山城国 | — | 等持寺 | 27 | 山城国 | 愛宕郡 | 霊徳庵 | 53 | 若狭国 | 大飯郡 | 妙祐庵 |
| 2 | | 葛野郡 | 真如寺 | 28 | | | 善住庵 | 54 | | | 正善寺 |
| 3 | | | 鹿苑寺 | 29 | | | 洞雲庵 | 55 | | | 円福庵 |
| 4 | | | 崇禅寺 | 30 | | | 是心庵 | 56 | | | 養源庵 |
| 5 | | 愛宕郡 | 祖芳院 | 31 | | | 永昌庵 | 57 | | | 西林庵 |
| 6 | | | 慈照寺 | 32 | | | 竹林庵 | 58 | | | 福田庵 |
| 7 | | | 海蔵院 | 33 | | | 清源庵 | 59 | | | 洞泉庵 |
| 8 | | | 梅陰庵 | 34 | | | 正福庵 | 60 | | | 洞昌庵 |
| 9 | | | 慈光庵 | 35 | 丹波国 | 桑田郡 | 光照寺 | 61 | | | 寿奎庵 |
| 10 | | | 東光堂 | 36 | | | 神昌寺 | 62 | | | 海見庵 |
| 11 | | | 竹林庵 | 37 | 河内国 | 讃良郡 | 松尾寺 | 63 | | | 桃源庵 |
| 12 | | | 高雲庵 | 38 | 播磨国 | 赤穂郡 | 法雲昌国寺 | 64 | | | 真乗寺 |
| 13 | | | 慶藤庵 | 39 | | 揖西郡 | 見性寺 | 65 | | | 常禅庵 |
| 14 | | | 西香庵 | 40 | | | 浄名寺 | 66 | | | 境林庵 |
| 15 | | | 長栄庵 | 41 | | | 大雲寺 | 67 | | | 海岩庵 |
| 16 | | | 十林寺 | 42 | | | 景雲寺 | 68 | | | 禅源庵 |
| 17 | | | 桂徳院 | 43 | 若狭国 | 大飯郡 | 長福寺 | 69 | | | 東源庵 |
| 18 | | | 寿光庵 | 44 | | | 園松寺 | 70 | | | 清雲庵 |
| 19 | | | 林光庵 | 45 | | | 元興寺 | 71 | | | 正法庵 |
| 20 | | | 即心庵 | 46 | | | 長養庵 | 72 | | | 海蔵庵 |
| 21 | | | 心源庵 | 47 | | | 寿福庵 | 73 | | | 龍虎庵 |
| 22 | | | 福寿庵 | 48 | | | 養江庵 | 74 | | | 向陽庵 |
| 23 | | | 智蔵庵 | 49 | | | 南陽庵 | 75 | | | 潮音院 |
| 24 | | | 化城庵 | 50 | | | 久昌寺 | 76 | | | 西安寺 |
| 25 | | | 普済寺 | 51 | | | 常津庵 | 77 | | | 清源庵 |
| 26 | | | 慈雲庵 | 52 | | | 蔵身庵 | 78 | | | 歓喜寺 |

※No.1等持寺については、現在は寺号だけで寺院はないが、十刹の第一であり、公帖を頂戴し、現在の住持が法式を勤めているので書き載せたとある。

あったことがうかがえます。

## 3　大智院輪番争論一件

### 林光院による光源院兼帯

相国寺山内における大智派の運営は、江戸時代前期の百年間は表立った問題は起こらなかったのですが、中期に入ると光源院・慈照寺による大智院の輪番をめぐる争論が発生しました。その発端は、正徳四年（一七一四）八月十三日に慈照寺住持であった住峰周留《じゅうほうしゅうる》が輪番交代の延引を本山に申し出たことでした。住峰の行動の背景には大智派法系の継承をめぐる次のような問題があったのです。

図6（七五頁）の大智派法系図によれば、光源院住持明岳知永《みょうがくちよう》が宝永四年（一七〇七）に死去し、後住を慶雲派に属する林光院住持乾崖梵竺《けんがいぼんじく》が兼帯しました。そのことが大智派の法系を受け継ぐ住峰には納得できなかったのです。

翌正徳五年二月十三日に光源院住持閑田梵佶《かんでんぼんきつ》が、本山参暇《さんか》に対して大智院輪番の交代を願い出ます。閑田は乾崖の弟子であり、光源院を兼帯している林光院住持です。ここで注目したいのは、住峰と閑田が本山に争論への介入を求めたことです。前講で論じた豊光寺・大光明寺輪番争論一件では、門派の僧侶が本山を介在させることなく直接幕府に訴えを出しており、二つの問題のあいだで争いの解決方法の違いが生まれています。

七月に入り、本山と住峰との間で遣り取りが持たれます。住峰の主張は、

光源院は昔から大智派の門中で運営してきた、

とするものであり、それに対して本山は、

林光院は昔から光源院と因縁があったので兼帯したのであり、大智派中でも納得したはずだ、

と反論します。本山が指摘した林光院と光源院の「因縁」とは、光源院住持汝舟妙恕《じょしゅうみょうじょ》が乾崖の兄弟子に当たるというものでした。

**本山の判断と住峰周留の妥協**

九月七日に、本山から金地僧録に対して次の内容の報告書が提出されます。

①光源院は明岳が死去の後に無住となり、その時に住峰は大病をしていたので、住峰の後見である雲興軒住持潙渓乾祐《いけいけんゆう》と兄弟子である法住院住持文室宗言《ぶんしつそうごん》が乾崖に兼帯することを願った。

②本山で評議を催し、本山出世中・大智院派中・潙渓・文室と住峰が出座のうえで、

本山から乾崖に光源院兼帯を申し渡した。
③乾崖は宝永七年（一七一〇）に死去し、弟子の閑田が相続して大智院を輪番した。去年八月十三日に住峰が大智院の交代を行わず、乾崖の兼帯について同意していないと言明した。本山からの交代の命令も承知しない。
④是非なく住峰に擯斥《ひんせき》（僧籍剥奪・追放）を申しつけるべき衆議になったので報告する。
十月二十一日になって住峰は妥協し、輪番を交代する旨の証文を提出して取り敢えず一件は落着します。亀寿の遺書によって定められた大智院の輪番は、光源院の大智派法系途絶と林光院住持乾崖による光源院兼帯という事態によって動揺し、門派内の問題に本山の介入を招くことになりました。他派の僧侶が入ってきたことで門派の自治がうまく機能しなくなったのです。

## 4　慈照寺山林争論一件

**慈照寺山林の伐採をめぐって**

亀伯瑞寿の遺書には、大智院の輪番方法とともに、慈照寺山林の管理方法も定められていましたが、この時期に山林管理においても光源院と慈照寺の間で争いが起こります。

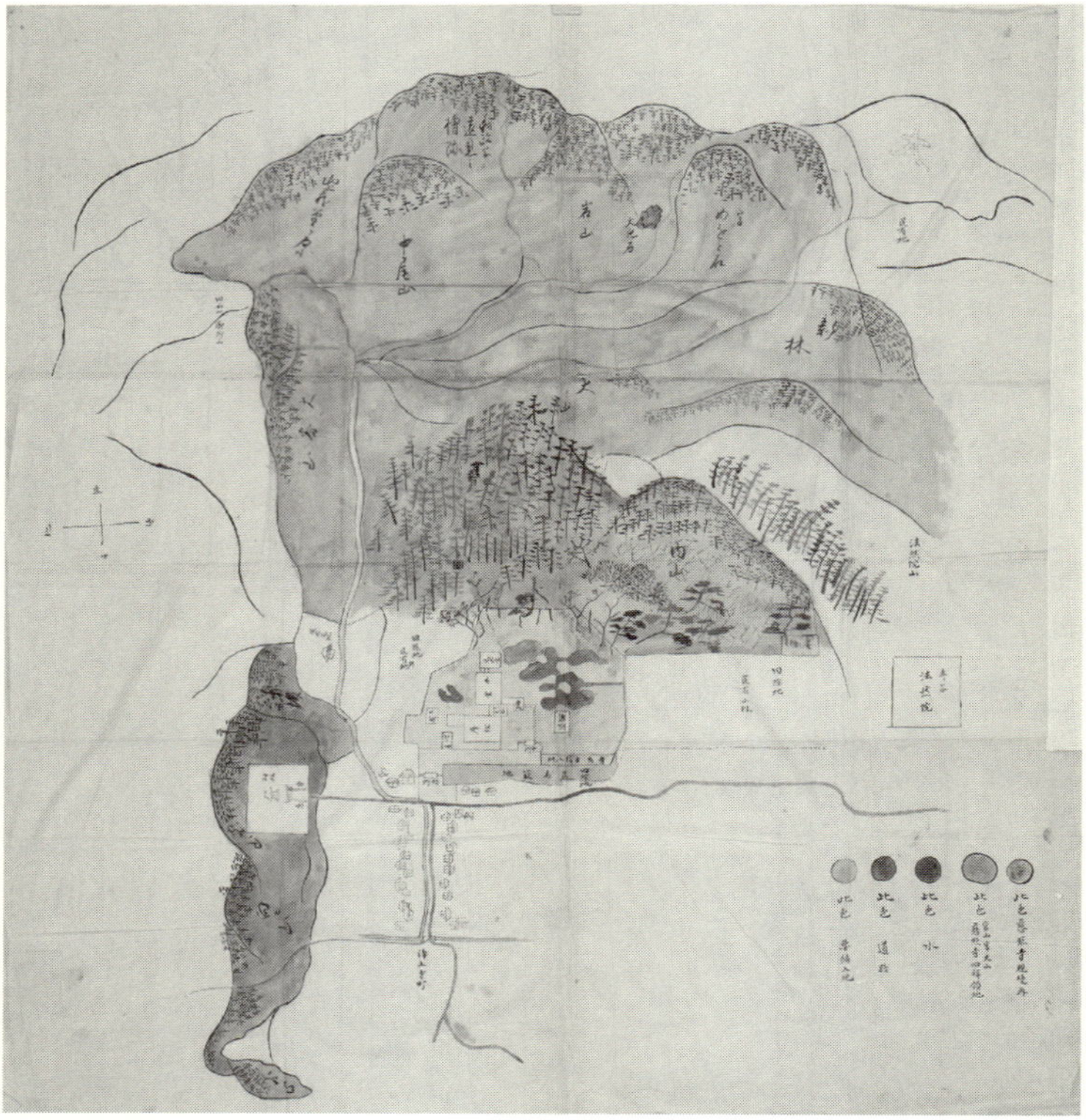

写真 13　慈照寺山絵図

まず、慈照寺の寺領山林についてご紹介しておきます。写真13は明治初期の慈照寺山絵図です。寺領山林は、慈照寺の境内から五山の送り火で「大」の文字を灯《とも》す如意ヶ岳《にょいがたけ》の手前までの広大な面積を占めていたことが分かります。この山林をどのように利用するかが大智派内で大きな問題になりました。

享保九年（一七二四）十月八日に閑田梵佶が本山に「覚」を提出します。そこでは、光源院支配部分の慈照寺山林について、慈照寺の「山廻りの者」に伐採を申し付けたところ、住峰周留が妨害したということが論じられています。

訴えを受けた本山では、十日に評議を行い、慈照寺の山林は昔から光源院が支配してきたので自由にするのはもっともであるという、住峰の伐木妨害を差し留める結論を出しました。しかし、林光院次期住持である中岳玄淑《ちゅうがくげんしゅく》は次のように述べています。

慈照寺山林の光源院支配部分について、先日の評議通り伐木しようとしても、「山廻りの者」が皆慈照寺境内に住んでいる者であるから、前々から伐木するなと慈照寺に命じられているのではないか。

十七日に、本山は「山廻りの者」の安西平左衛門《あんざいへいざえもん》を呼び出します。安西は、慈照寺から許可がないまま光源院の命令を聞くことはできないと述べます。二十八日に、本山は住峰といろいろ議論をしまして、ようやく説き伏せています。

## 「山廻りの者」

以上の経緯を振り返ると、「山廻りの者」とは一体何者なのかということが問題になると思います。それを知ることができるのが、宝永四年（一七〇七）に慈照寺から相国寺に提出された次の史料です。

刀を帯びる者の覚え

一、当寺被官《ひかん》家来　宅境内浄土村　安西利右衛門《りえもん》
一、同　同　山本常右衛門《やまもとつねえもん》
一、同　同　世継茂右衛門《よつぎもえもん》
一、同　同　井上新助《いのうえしんすけ》

右の四人は慈照寺の家来であって、寺の用事があった時に帯刀する。この四人以外に帯刀する者は存在しない。

この史料は帯刀人届と呼ばれるものです。帯刀人とは何かといいますと、身分としては百姓とされつつも武士の身分標識である帯刀を認められた者のことです。帯刀人が存在した理由は次のようなものでした。

豊臣政権と江戸幕府は身分政策として兵農分離を行いました。これは、武士は城下町に、百姓は農村に定住することを義務づける政策であり、地元とのつながりが強く城下町に移

住することができなかった武士を数多く生み出す結果を招きました。そのような武士たちは江戸時代以降に百姓身分とされてしまうのですが、領主から特例として帯刀の資格を認められる場合があったのです。右の史料は、境内地に住む安西・山本・世継（続）・井上四名の帯刀を慈照寺が許可していたことを意味します。帯刀する百姓という身分的に曖昧《あいまい》な人々を把握するために届けの提出が求められたのです。

## 世続家の由緒書

右の四名のうち、宝暦八年（一七五八）十一月に作成された世続家の由緒書が残っています。

　恐れながら差し上げ申す由緒書
　私の先祖である世続宗竹入道《そうちくにゅうどう》が足利義政《あしかがよしまさ》公に仕えていたころ、義政公は文明十二年（一四八〇）に東山山荘の造営のために浄土寺村で隠棲《いんせい》した。そのときに同行した近習の者七名に対して、慈照寺山の上にある中尾山に築いた矢倉の番を命じるとともに、境内に屋敷を与えた。
　宗竹入道はこの近習七名に入っており、義政公が死去した後もそのまま慈照寺に仕えていた。その後に領地を没収されて郷侍《ごうさむらい》となり、子々孫々に至るまで義政公から拝領した屋敷に住居し、慈照寺境内を支配した。
世続家は代々郷侍として帯刀しており、私の親である世続小右衛門も由緒書を提出して帯刀していた。私も由緒書を差し出すので従来通り帯刀をご許可いただきたい。

この史料には、近習の者七名が足利義政から境内に屋敷を与えられたとありますが、その屋敷とは江戸時代における門前町の家々に当たります。**写真14**は**写真13**の門前町部分を拡大したものです。

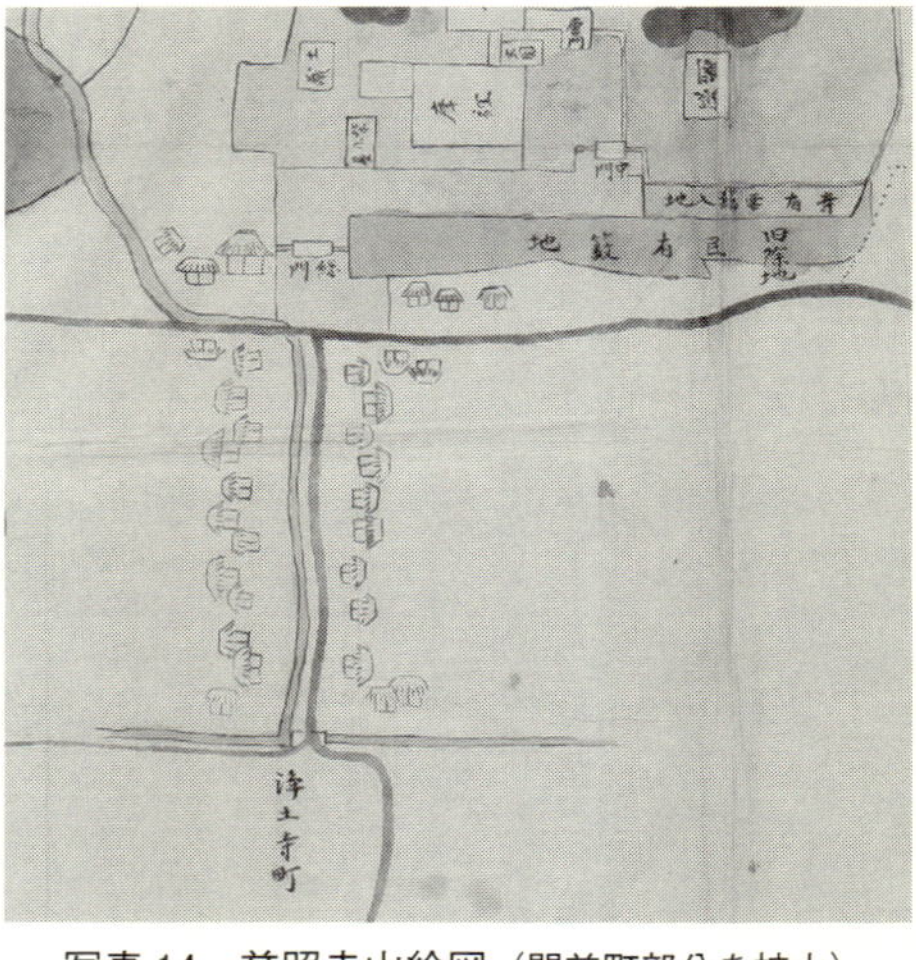

写真14　慈照寺山絵図（門前町部分を拡大）

慈照寺の総門から南に広がる家並みが門前町です。郷侍という言葉がありますが、これは江戸時代以降の帯刀を認められた百姓身分の者を指しています。

## 戦国期における慈照寺被官

また、前掲した史料は宝暦八年に作成されたものであり、江戸時代が始まってから約百五十年が経過しているので、書いてあることがすべて真実とは評価できません。たとえば、義政の隠棲を文明十二年としていますが、東山山荘の常御所完成は同十五年なので、正確な歴史的事実と矛盾が見られます。戦国時代のできごとは同時代に作成された史料から論証することが歴史学の原則ですので、そのような検証を行う必要があります。

光源院文書の中に存在する、戦国時代の永禄年間（一五五八～七〇）のものと思われる三好《みよし》政康《まさやす》・三好長逸《ながゆき》連署書状には、

慈照寺境内の山林田畑からの年貢はこれまで通り寺に納めなければならない、浄土寺郷・白川郷に居住する諸被官人・百姓なども従来のように慈照寺が支配せよ、

と記されており、この書状が作成された時期には慈照寺に仕えていた被官がいたことが立証できます。この被官の中に世続家の祖先が含まれていた可能性はあるでしょう。

### 再燃する山林争論

義政以来の由緒を持つ被官たちは、住峰の意を受けて光源院の慈照寺山林伐採を阻止しようとしました。しかし、先述した亀伯の遺書では光源院と慈照寺は山の権利を折半しているので、慈照寺側の行動に無理があるのは明らかです。

慈照寺は、元文三年（一七三八）六月から笑堂《しょうどう》祖誾《そぎん》が住持に就きます。光源院を兼帯していた閑田は、宝暦三年（一七五三）十二月二十日に死去し、その弟子も病気で引退したので、光源院は本山の判断で慶雲派の慈雲庵住持梅荘顕常《ばいそうけんじょう》に預けられることになりました。そして、同五年三月に再び山林の問題で争いが起きることになります。

梅荘が京都町奉行所へ提出した文書には次のことが述べられています。

①宝暦三年四月に、光源院支配の山林から慈照寺が大木十二本を伐採する事件が発生し、慈照寺の山林は被官である四名が支配しているので自分の一存ではどうすることもできないと笑堂が述べた。

②同年十月に笑堂と被官が本山に呼び出され、争訟中は伐採を止めるように申し渡されたが、その後もほしいままに伐採を続けた。

③そのような行動を続ける慈照寺側の言い分は、慈照寺が領知朱印状で山林の管理を

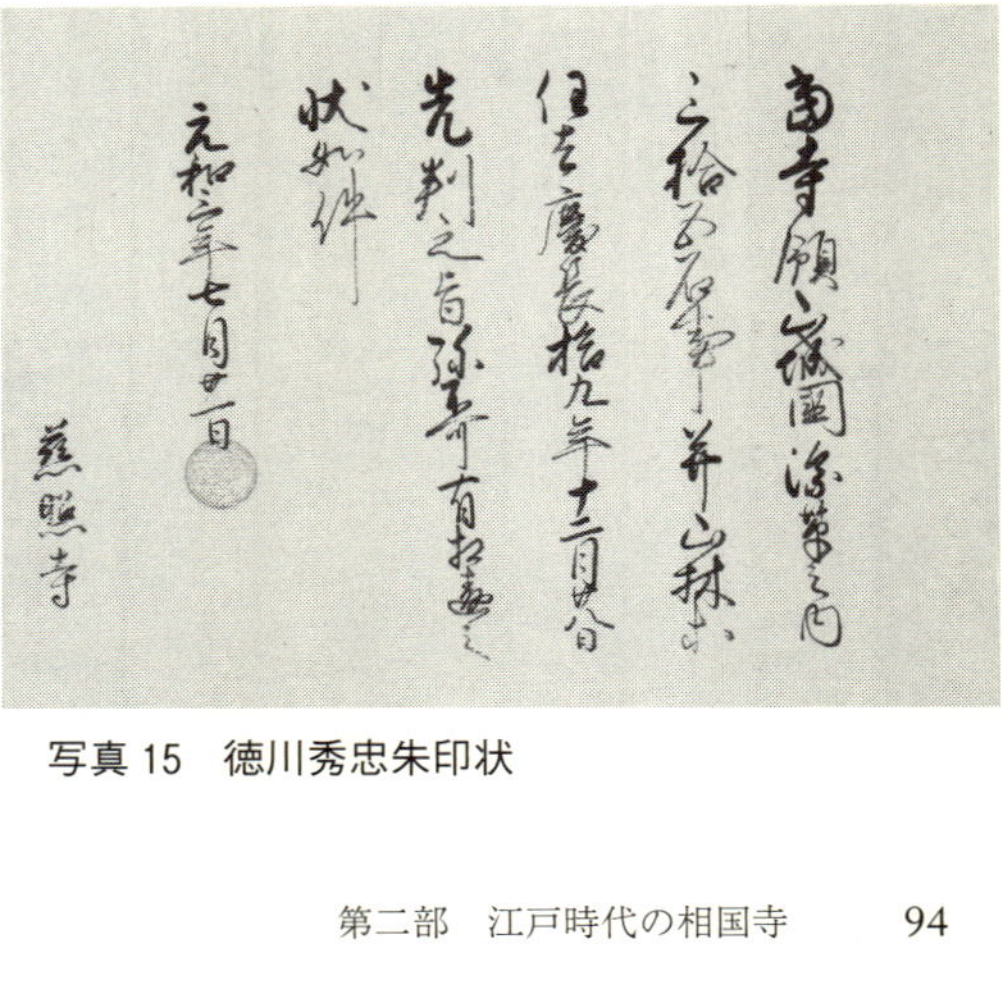

写真 15　徳川秀忠朱印状

認められているので光源院支配の山林は存在しないとするものであった。
慈照寺が主張する領知朱印状とは、元和三年（一六一七）七月二十一日に徳川秀忠《とくがわひでただ》が発給した文書（**写真15**）を指しており、慈照寺の寺領である山城国深草村の三十五石分と山林などについて、慶長十九年（一六一四）十二月二十八日に徳川家康《いえやす》が発給した領知朱印状の内容に従って慈照寺の領有を保証する旨が記されています。幕府が慈照寺に対して山林の領有を認めていることと、大智派の内部で山林の管理方法を取り決めていることとは話の次元が違うと思いますが、とにかく笑堂は領知朱印状によって寺領山林を支配することが認められていると主張したのです。

**慈照寺の反論と和解**

宝暦五年十月に、笑堂から金地僧録に対して次のような内容の文書が提出されます。
①梅荘は、寺領山林の中に光源院が支配している山林があると主張するが、慈照寺から光源院に柴・薪を与えている以外は、山林も含めて領知朱印状で慈照寺の領分と認められている。
②本山から調停が入ったが、梅荘の言い分を認めており、承知できない。
③九月中旬に二回目の本山による調停があり、「庭前の大山は慈照寺より支配、その

余りはこれまでの通り光源院より支配」という条件を提示された。笑堂は「光源院の薪用として、西方山と小山のうちで古来の通り木柴のみを与える」という条件を主張して折り合わなかった。

宝暦六年五月一日に、京都町奉行所の命令もあり、最終的に和解します。その条件は、大智院の藪のうち養春院より支配の分については光源院支配、慈照寺山林は慈照寺支配というもので、慈照寺の権利を認める形で決着しました。

さきほどの大智院輪番争論一件では、光源院の大智派法系が途絶えたことを理由に、慈照寺は輪番から光源院を排除しようとしました。さらに慈照寺は、本一件で亀伯の遺書に規定されていた寺領山林に対する光源院の権利を否定し、門派の主導権を奪おうとしたのです。

## 5　慈照寺祖桓擯斥一件

### 覚瑞祖了の光源院住持就任

慈照寺山林争論一件が落着した直後の宝暦六年（一七五六）閏《うるう》十一月十日（太陰太陽暦では閏月を加えた年が存在する）に、梅荘顕常が本山参暇に対して次のような願書を提出します。すなわち、閑田梵佶没後の光源院について、若狭国園松寺住持覚瑞祖了を後住にするように願い出たのです。光源院住持は大智派の僧侶が就任すべきだと梅荘は考えていたことが分かります。また、同月二十日に慈照寺住持笑堂祖誾が死去し、弟子の祖桓《そかん》（道号は不明）が後住に入ります。

宝暦七年二月二十五日に、覚瑞の光源院後住を本山が承認したことについて、祖桓が

自分はこれまで何も承知していなかったのに、今日になって聞かされても納得できない、

と主張します。二十七日に、再び祖桓は

覚瑞が光源院の後住に入ることは、梅荘からの内意があって決まったのではないか、

と述べます。つまり、他派の梅荘の意図で光源院の後住が決定されたことに不満を示したのです。三月十七日に、祖桓は覚瑞に対して住職就任不承知の旨を伝えますが、十八日には本山から覚瑞へ光源院の全ての権利が引き渡されます。

**祖桓擯斥**

大智派に関する本山の決定に、慈照寺はことごとく反対しました。このような態度を取り続ける慈照寺に対して、ついに本山は大きな決断を下すことになります。

宝暦八年一月二十八日に、梅荘は金地僧録に対して、祖桓が病中で里元に帰っている機会をねらって、慈照寺の領知朱印状を本山で預かりたい旨を申し出ます。金地僧録は一月晦日《みそか》にこれを許可し、京都町奉行所からも「勝手次第に預かるべき旨」が仰せ渡されます。慈照寺の被官は先例がないという理由で引き渡しを拒否しますが、二月十九日に京都町奉行所が被官木村主水《もんど》を召還して領知朱印状の引き渡しを命じます。そして、相国寺住持無聞《むもん》承聡《じょうそう》と本山参暇温仲《おんちゅう》周璘《しゅうりん》らが慈照寺に急行し、領知朱印状七通を没収したのです。町奉行所の与力《よりき》（奉行を補佐する役職）は被官に対して、金地僧録の命令を拒否したから幕府の取り扱いになったのであり、それは不届き千万であると申し渡しました。

二月二十日に梅荘らは慈照寺に出向き、祖桓の不行跡と寺務怠慢は言語道断であるとの理由で、什物などを検査したうえで蔵を封印します。二十三日に本山から祖桓に慈照寺からの追放が命じられますが、祖桓は拒否します。そして、翌宝暦九年五月二十八日に本山から祖桓へ擯斥が申し渡されてこの一件は終結しました。

## 6　まとめ

### 大智派内部の主導権争い

本講の内容をまとめます。

大智派の江戸時代における門派運営の原則は、江戸時代初頭の光源院・慈照寺住持亀伯瑞寿が残した遺書によって規定されていました。このことから、前講で論じた常徳派との類似性を指摘することができます。また、前講では門派を二つの類型に分類しましたが、それは形式的なものであり、門派運営の中身は同じであったと評価できるでしょう。

大智院輪番争論一件と慈照寺山林争論一件において、慈照寺は光源院が握っていた権益を奪い、大智派内部での主導権を確立しようとしました。宝暦六年（一七五六）に、梅荘顕常によって園松寺住持覚瑞祖了が光源院の後住に推挙された際には、慈照寺住持祖桓は本山参暇に対して、光源院は自分が兼帯したいとする願書を提出しています。光源院と若狭国末寺との大智派法系を媒介としたつながりを祖桓は手中に収めようとしたのです。

**本山権力の段階的形成**

本山は、相国寺山内を混乱させる慈照寺の行動を抑えるために、祖桓を擯斥します。前講で論じた常徳派においては、門派内部の問題は自治によって処理されていましたが、大智派においては本山の介入を招いたのです。両者の違いは時期的な問題が要因になっていると考えられます。常徳派において争論が発生したのは江戸時代前期、大智派においては江戸時代中期なのであり、時間的な差があるからです。江戸時代中期に至ると本山が集権性を発揮するようになるのです。

寛文五年（一六六五）に、幕府はすべての本山に対して統一的な寺院法度としての「諸宗寺院法度」を下します。この第三条で「本末の規式を乱してはならない」と定められており、本山の権限が定義づけられました。しかし、法令によって権限を与えられたからといって、いきなり本山が権力的になったのではなく、江戸時代中期までの時間の経過が必要とされたのです。

大智派混乱の原因は、光源院を他派の林光院が兼帯したことです。常徳派においても、正徳四年（一七一四）の和解の際に豊光寺・大光明寺の輪番を務める四塔頭の中で住持が存在したのは桂芳軒だけでした。江戸時代中期には塔頭住持の継承が困難な状況があり、それが門派運営を行き詰まらせたのです。次講でその理由を考えてみたいと思います。

## 第三講　江戸時代中期における相国寺山内の動向——山門修理と天明大火

### 1　困窮する塔頭

**困難な塔頭住持の継承**

春屋妙葩《しゅんおくみょうは》の法系に連なる塔頭によって構成されていた大智派では、中心的な塔頭である大智院の住持を輪番で務めることと、広大な慈照寺山林の支配権を折半することを派内の光源院・慈照寺が取り決めていました。しかし、江戸時代中期に入り、光源院住持を他派の林光院住持が兼帯したことで光源院と慈照寺が激しく対立するようになり、門派運営に本山の介入を招く事態に陥ったのです。

このような門派運営の行き詰まりは、各塔頭における住持継承の困難さが原因であったことを前講の最後に指摘しました。その状況は他の門派でも同様でした。「参暇寮《さんかりょう》日記」正徳五年（一七一五）十二月十二日条に、勝定院・雲興軒を兼帯していた善応院の庸蔵主《ようぞうす》がこの年の春に寺から逃げ出してしまったので、三ヵ寺とも無住になったことが記されています。善応院・勝定院・雲興軒は、**表1**（五二～五三頁）によれば勝定派の№27～29に該当します。そして、三塔頭には法類（同じ法系に連なる僧侶）がいなかったので、長得院住持藍坡《らんぱ》中珣《ちゅうじゅん》が預かることになったのです。

各塔頭の後住選任が困難になった理由が問題になりますが、それを示しているのが宝永七年（一七一〇）「豊光寺・大光明寺の儀御尋ねの御返答覚」という史料です。これは常徳派による豊光寺・大光明寺輪番の状況を金地僧録に報告する内容のものであり、次のことが論じられています。

①養源軒には相当な借財があり、すぐに後住を見いだすことができない。
②巣松軒と桂芳軒も輪番に就くことが可能となる出世の法階に至るまでに年齢が高くなり、貧しい塔頭でもあるので出世になることができない僧侶もいる。

この記述からは、塔頭の財政難が見て取れるでしょう。

本講では、江戸時代中期における相国寺山内の状況を、本山と各塔頭の財政状況を意識しながら考察していきたいと思います。

## 鹿苑院・常在光寺の年貢収量

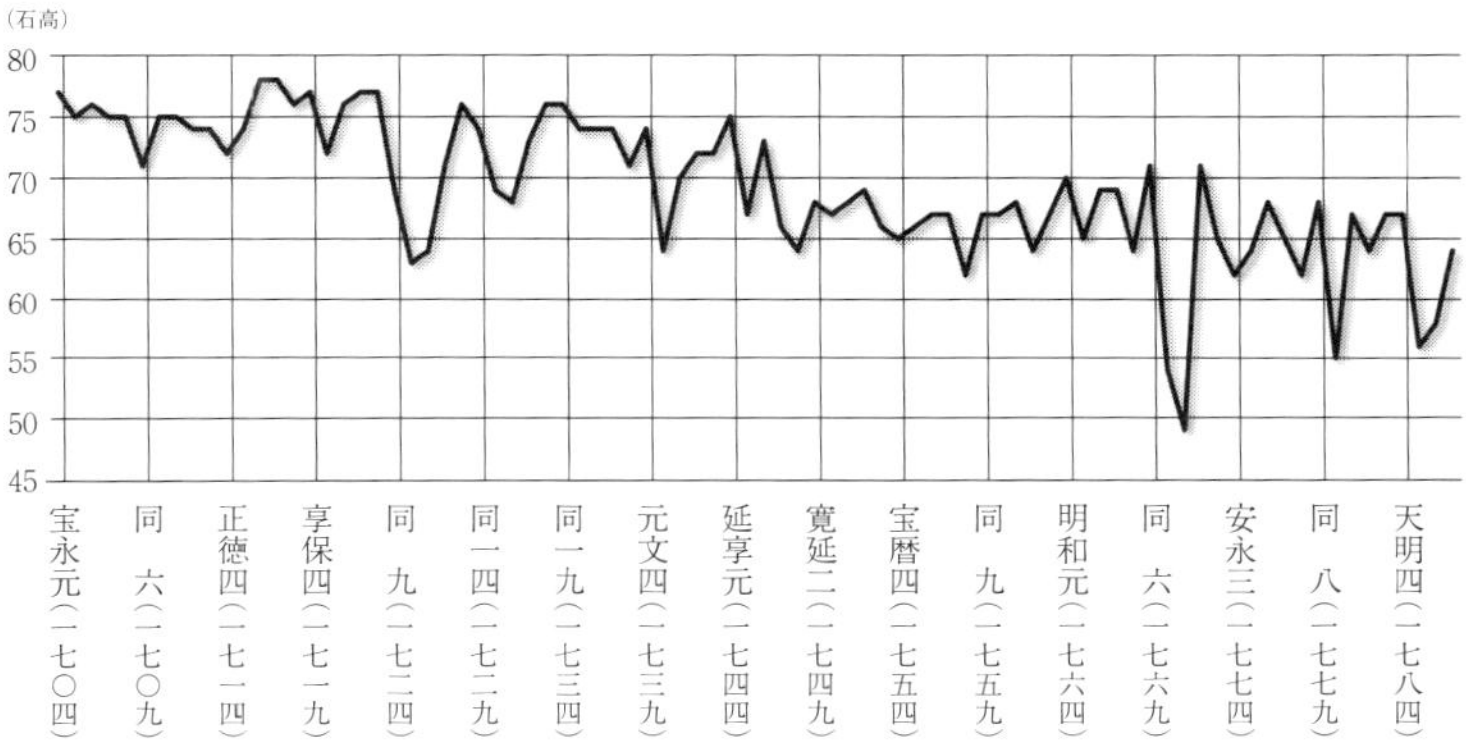


図７　鹿苑院・常在光寺年貢収量の推移

第一講で述べたように、相国寺が所持していた千七百六十二石余りの寺領は各塔頭に配分されていました。各塔頭の財政事情については史料が少ないので詳細は不明ですが、寺領から入る年貢が収入のかなりの部分を占めていたことは想定できるでしょう。まず、鹿苑院と常在光寺の年貢収量（実際の年貢納入量）の推移から塔頭の財政事情を考えてみたいと思います。

鹿苑院は、第一部で述べたとおり、室町・戦国時代には住持が鹿苑僧録を務めていた塔頭です。鹿苑僧録が廃止された後は山内の僧侶が輪番で住持に就いています。相国寺を創建した足利義満《あしかがよしみつ》の菩提所ですので、江戸時代においても山内で重要な位置を占めていました。常在光寺は、元来は京都の東山にあった寺ですが、徳川家康《とくがわいえやす》から西笑《せいしょう》承兌《じょうたい》に寄進され、江戸時代には鹿苑院に附属する寮舎としてその境内にありました。鹿苑院の寺領は八十五石余り、常在光寺は十七石余りです。この二ヵ寺の年貢会計を記録した「鹿苑院納下帳《のうげちょう》」から年貢収量の推移がわかります。それをまとめたのが図7のグラフです。

グラフの実線は年貢収量を示しています。宝永期から享保期前半までは七十石以上の年貢収量を維持していますが、享保期後半から延享期になると七十石前後で推移します。江戸時代の幕府直轄領において最高の年貢収量を記録したのは延享元年（一七四四）ですが、その時期から二ヵ寺の年貢収量は落ち始めています。寛延期から明和期には六十石半ばに減少し、明和七年（一七七〇）には五十石代、同八年には四十石代まで落ち込みます。天明期には五十石半ばから六十石半ばで推移しますが、これは天明飢饉の影響でしょう。図7からは、二ヵ寺の年貢収量は長期低落傾向にあったことが分かります。他の塔頭の寺領も、二ヵ寺と同様に京都近郊に存在していましたので、同様の状況にあったものと考えられます。

**塔頭困窮の具体例**

明和期以降になると各塔頭の財政難が顕在化します。そのような状況を示す四つの事例を紹介します。

一つ目の事例は、明和二年四月に心華院住持大仙祖岑《だいせんそぎん》の隠居を常徳派に属する五名の僧侶が本山参暇に願い出た一件です。その願書には、

大仙が本山からの借金を返済しなかったので、常徳派中の連帯責任だと本山から叱責され恐縮している、元来大仙は不届きな僧侶で、先年も心華院の経営で失敗し、派中から色々と世話をしたのだが、また過分の借金を作るとともに自坊を大破させた、大仙は、自分が隠居し、後住の選任は門中の世話になりたいと願っている、

と述べられています。心華院は、借銀累積の責任を取って住持が隠居してしまう状況にあったのです。

二つ目の事例は、明和五年六月に慶雲派中・大智派中より本山参暇に提出された願書で論じられた慈雲庵の財政難です。住持である梅荘顕常《ばいそうけんじょう》が両派に問題の善処を依頼しますが、慈雲庵領と柏龍軒領（柏龍軒は貞享二年〈一六八五〉より慈雲庵兼帯）の年貢と藪を抵当に入れても借銀を処理できないので、参暇寮からの借銀返済を十ヵ年間延引することと、当年二月以降の勘定式《かんじょうしき》（頼母子講《たのもしこう》、金融の互助組合のこと）への出銀を免除することの二点を願い出ています。

三つ目の事例は、明和八年十一月、図7で急激に年貢収量が落ちている年ですが、夏の旱魃《かんばつ》によって各塔頭が困窮した一件です。この問題の対処として、本山が各塔頭への貸付

銀利息について月一割のところを八朱（パーセント）に改めています。また、本山の財政再建を目的とする勘定式の掛銀一回分である銀三百五十匁を扶助《ふじょ》として各塔頭に支給しました。

四つ目の事例は、桂芳軒の借財累積です。天明元年（一七八一）十二月に、同じ常徳派の巣松軒住持高陽承隆《こうようじょうりゅう》が門派に対して提出した文書では、桂芳軒のみで借金を減らすことは不可能であり、巣松軒・普広院も加えた三ヵ寺の年貢収入を差し出すので借銀を管理してほしいと願い出てます。高陽は、桂芳軒住持を務めた経験があり、普広院住持伯令《はくりょう》周岐《しゅうぎ》は高陽の弟子でした。右の三ヵ寺は高陽の影響下にあったのです。

桂芳軒と巣松軒の借銀合計は銀八十六貫匁に及ぶものであり、対応に苦慮した常徳派は本山に指図を願い出ています。高陽は問題の責任を取って隠居を願い、許可されました。桂芳軒住持宜堂承休《ぎどうじょうきゅう》は、豊光寺と大光明寺の輪番から外される処分を受けています。

**鹿苑寺の開帳**

以上に見られたように、年貢収量の減少に伴う財政状況の悪化は、江戸時代中期の百年間において歯止めがかかりませんでした。何らかの対応を求められた各塔頭のうち、山外にある鹿苑寺は開帳（本尊秘仏の厨子《ずし》の扉を開いて一般公開すること）を実施して現金収入を得るという手段を講じました。

天明元年八月に、鹿苑寺は本山参暇に対して開帳の方法を記した文書を提出しており、四点の実施要領を示しています。

①石不動（空海《くうかい》作と伝えられる不動明王石像）を開扉する。

②金閣の阿弥陀《あみだ》三尊像と観音像を拝観させる。

③方丈において本尊と霊宝を展観する。

④期間は来年三月上旬より三十日間とする。

また、開帳の実施は幕府への出願制であるので、同年十月に鹿苑寺から京都町奉行所へ願書が差し出されていますが、そこには享保十八年（一七三三）にも石不動の開帳が行われたという記述があり、この開帳が約五十年ぶりであったことが分かります。

写真 16　鹿苑寺不動堂

表４　高札設置箇所

| | |
|---|---|
| 京都 | 北野 |
| | 大宮寺之内 |
| | 今出川寺町 |
| | 三条大橋 |
| | 祇園石垣下 |
| | 五条大橋 |
| | 七条油小路 |
| | 堀川松原 |
| | 堀川下立売 |
| | 四条寺町 |
| | 大仏前 |
| | 東寺石橋 |
| 大津 | 札ノ辻 |
| 伏見 | 京橋 |
| 大坂 | 日本橋 |
| | 天神橋 |
| | 新町橋 |

開帳を成功させるためには、世間に広くその情報を伝える必要があります。京都市中には開帳を知らせる高札《こうさつ》が立てられました。その場所を列挙した文書を十月十二日に鹿苑寺は京都町奉行所に差し出しています。それを一覧にしたのが**表４**ですが、人通りの多い三条大橋を始めとした上京《かみぎょう》・下京《しもぎょう》の要所と、大津・伏見・大坂の中心部に高札が立てられたことが分かります。

**展観に供された寺宝**

開帳で展観された寺宝についても十二月に町奉行所へ届けられており、それを示したのが**表５**です。No.１～５は石不動が安置される不動堂（**写真16**）の寺宝です。石不動は、寛政十一年（一七九九）に刊行された「都林泉名勝図絵」に「明王院に石鐫《せきせん》の不動を安置する。前に渡天水《とてんすい》又独鈷水《どっこすい》あり」と記されており、京都市中の名所として広く知られていたことが分かります。ここでは石不動が智証大師《ちしょうだいし》（円珍《えんちん》）の作だとされています。No.６～21は方丈・小方丈で展観された寺宝です。そのうち、現存している鹿苑寺の寺宝と一致させることができるものは、№9「開山夢窓《むそう》国師自賛画像」・№10「天満宮自画神影」・№11「後《ご》水尾《みずのお》院《いん》衣笠山《きぬがさやま》宸翰《しんかん》」・№12「同漢和宸翰」・№13「同御《ご》両吟《りようぎん》巻物」・№20「等持《とうじ》院《いん》尊氏《たかうじ》公御筆」・№21「近衛《このえ》三藐院《さんみやくいん》御色紙屏風」です。№12は後水尾院筆とされており、現存する軸箱の上書にも「後水尾天皇宸翰」と記されていますが、正しくは聖護《しようご》

表5　開帳での展観宝物一覧

| №. | 場所 | 宝物 | 備考 |
|---|---|---|---|
| 1 | 不動堂 | 化不動尊 | 智証大師作 |
| 2 | | 地蔵尊 | 同 |
| 3 | | 石護摩鉢 | 弘法大師作 |
| 4 | | 石扉 | 同 |
| 5 | | 降魔剣 | |
| 6 | 方丈 | 観世ならびに梵天帝釈 | 東福門院御寄附 |
| 7 | | 地蔵尊 | 聖徳太子作 |
| 8 | | 岩附仏舎利 | |
| 9 | | 開山夢窓国師自賛画像 | |
| 10 | | 天満宮自画神影 | |
| 11 | | 後水尾院衣笠山宸翰 | |
| 12 | | 同漢和宸翰 | |
| 13 | | 同御両吟巻物 | 道晃親王御筆 |
| 14 | 小方丈 | 鹿苑院太上天皇御像 | |
| 15 | | 同二十五条御法衣 | |
| 16 | | 同御笏 | |
| 17 | | 御筆蹟 | |
| 18 | | 夢窓国師直蹟 | |
| 19 | | 明太宗皇帝勅書 | |
| 20 | | 等持院尊氏公御筆 | |
| 21 | | 近衛三藐院御色紙屏風 | |
| 22 | 金閣下重 | 弥陀観音勢至三尊 | 運慶作 |
| 23 | 同　中重 | 正観音 | 恵心僧都作 |
| 24 | | 四天王 | 弘法大師作 |

※№11 ～ 13の展観は武家伝奏から差し止められている。

院宮道晃法親王《いんのみやどうこうほっしんのう》の書状です。No.20も記載されている花押から足利直義《あしかがただよし》軍勢催促状であることは明らかです。また、No.11~13の後水尾院筆とされる掛軸については、京都町奉行所よりの問い合わせを受けた武家伝奏《ぶけてんそう》（武家の奏請《そうせい》を取り次ぐ朝廷の役職）から展観を差し止められています。No.22~24は金閣内に安置されている仏像であり、金閣の二層目まで開放されたことが分かります。

## 開帳の世俗的部分

開帳には、右の展観内容に見られるような聖の部分と、人々に対して娯楽を提供する俗の部分がありました。鹿苑寺は、出店の設置についても京都町奉行所に許可を願い出ています。その願書には、的当《まとあて》の遊技である本弓《ほんきゅう》と揚弓《ようきゅう》、大道芸である辻打《つじうち》、茶店である水茶屋、小料理屋である煮茶屋が列挙されています。

以上のことについて町奉行所の許可を得たうえで、天明二年三月三日から開帳が始まりました。当初は三十日間の予定でしたが、さらに三十日延長されまして、六十日間行われました。収支を示す会計帳簿は残念ながら現存していません。定額の拝観料を設定した記録は残っておらず、賽銭《さいせん》や出店からの上納金などが収益になっていたと思われます。なお、慈照寺でも、伽藍修復を目的に宝暦七年（一七一〇）三月三日から五十日間の開帳を行っています。

## 2　山門修理と富くじ興行

### 山門修理の願い

財政的な行き詰まりに直面していた相国寺は、それに拍車をかけるような多大な出費を伴う課題に取り組まざるを得なくなります。それは老朽化した山門の修理でした。明和元年（一七六四）七月十八日に、傷みがはげしくなった山門について修復の支援を得るために、幕府寺社奉行土井《どい》利里《としさと》に以下の願書を提出します。

相国寺の山門は、権現様《ごんげんさま》（徳川家康《とくがわいえやす》）が天下安全と武運長久祈願のために慶長五年（一六〇〇）にご建立をお命じなされており、同十二年七月十五日に公卿の鷲尾《わしお》隆尚《たかひさ》殿と藪嗣良《やぶつぐよし》殿をお供として大施餓鬼《おおせがき》をご聴聞《ちょうもん》になったおりに、山門の棟に「ご武運この山門と同じく永久たるべし」とのご誓願の墨書をなされた。同十四年に普請《ふしん》が完成して、四月三日に祈願の供養があり、権現様直筆の願文が納められた。（中略）建立されてから百五十年以上が経過し、全く修理をしていないので、年々破壊の状態になり、恐れ多く嘆かわしい。やむを得ず今回修理を願い上げる。（後略）

巨額の費用を伴う山門修理の願いに対して、幕府は簡単には許可を出しませんでした。相国寺は諦めることなく、いくたびか寺社奉行に願い出ます。江戸で幕府との交渉に当たっていた冷香軒住持古道元式《こどうげんしき》は、明和四年八月二十日に本山へ交渉内容について次のように報告しました。

①寺社奉行からは山門修復はなしがたいと近年の願書を返却された。

②昨年に富くじ興行と金四千両の借用を願ったことについては、富くじは定数があるので空きがあった場合に願うか、勧化《かんげ》（人々に広く寄進を求めること）を願うべきであって、借金の儀はなしがたいと返答があった。

③江戸での富くじの空きは十年待たなければならないので、京・大坂での興行はどうかと勧められた。

**大坂曽根崎での富くじ興行**

幕府は、自らが出資することは拒否しましたが、相国寺が提案した富くじについては否定しませんでした。富くじとは、現在の宝くじと同じで、富札を販売し公開の抽選で当選者に賞金を支払う行為のことです。江戸幕府は享保年間（一七一六～三六）には寺社の修復を目的とした富くじを公認していました。滝口正哉《たきぐちまさや》の『江戸の社会と御免富』によれば、

表6　富くじの褒美金

| 札番号 | 褒美金 | 札番号 | 褒美金 |
|---|---|---|---|
| 一 | 100両 | 五十 | 5両 |
| 二 | 15両 | 五十一～五十九 | 1両づつ |
| 三 | 10両 | 六十 | 5両 |
| 四～九 | 1両づつ | 六十一～六十九 | 1両づつ |
| 十 | 5両 | 七十 | 5両 |
| 十一～十九 | 1両づつ | 七十一～七十九 | 1両づつ |
| 二十 | 5両 | 八十 | 5両 |
| 二十一～二十九 | 1両づつ | 八十一～八十九 | 1両づつ |
| 三十 | 5両 | 九十 | 5両 |
| 三十一～三十九 | 1両づつ | 九十一～九十九 | 1両づつ |
| 四十 | 5両 | 百 | 50両 |
| 四十一～四十九 | 1両づつ | 計 | 307両 |

幕府が江戸市中で同じ時期に許可する富くじ興行の定数は、

①古くから富くじをしている二ヵ寺（谷中感応寺・牛込宝泉寺）による二件、
②江戸の寺社による一件、
③他国の寺社による一件、
④宮門跡方による三件、

の計七件であり、年の興行回数×年数という形で総回数が固定されていました。相国寺が江戸で富くじを行う場合、③の枠が明くまで待たなければならなかったのです。

相国寺は江戸での興行を諦めます。明和四年九月に大坂表《おおさかおもて》での富くじ興行を幕府に願い出て、同五年九月二十七日に許可されました。同六年二月に作成された富くじ仕《し》法書《ほうしょ》には次のことが決められています。まず、期間は十年間、毎月十六日に興行、一枚につき銀二匁五分の富札が一回につき一万枚販売されることになりました。富くじ販売による売り上げは興行一回あたり銀二十五貫匁、金に直すと約四百十六両です。当り札は百枚、褒美金《ほうび》（賞金）は表6に示したように合計が三百七両でした。会場は、摂津国西成郡曽根崎村久昌寺所持の畑と屋敷地五百坪余りを借地し、富突場・御検使桟敷《さじき》・会所・詰所を設営、周囲は竹矢来《たけやらい》で囲まれ、木戸門が三ヵ所設置されました。また、同年四月の「口上覚」によれば、仮屋建物内に本尊として毘沙門天《びしゃもんてん》が安置されています。

**富くじ興行の成功**

明和六年十二月十四日に、相国寺は大坂町奉行所へ富くじ興行の経過報告を出します。そこでは、

①当年七月から毎月興行を行ったところ、これまで何度もご報告した通り、富札販売のときには人が群がり集まるような状況である、

②夜中より諸人が詰めており、非常事態で怪我人が出かねないので、相国寺に関係のある者か、もしくは毘沙門講中の者以外への富札販売を当面は取りやめる、

と報告されています。まさに大成功を収めたわけです。明和七年三月には、一ヵ月に売り出す富札を倍の二万枚とすることと、残り期間の九年を短縮して四年半にすることを寺社

奉行に願い出ています。

富くじ興行の好調で資金繰りの目途《めど》が立ったので、安永三年(一七七四)十一月から山門修理が着工されました。寺社奉行へ提出した作事願書では次のように述べられています。

屋根全体を葺き替え、腐食したところはすべて取り替え、ゆがみを直し、土台・石垣等まで元の状態に修繕する。上層に安置されている徳川家康位牌の周辺は言うまでもなく、飾りや道具もすべて修理する予定である。

富くじは規定の期間を終え、安永四年三月に大坂の富会所が引き払われました。収益の銀八百貫匁(約金一万三千両)が本山に納められ、興行担当者である古道には、労謝として金三百両が贈られています。同年十一月には、本山の財政健全化に伴い、「参暇寮《さんかりよう》御祠堂銀《ごしどうぎん》」を借用していた養源軒・養春院・心華院・慈照院・瑞春庵・巣松軒・鹿苑寺七ヵ寺の借銀について、八パーセントの利息を五パーセントに減額することなどが申し渡されました。

**山門修理の完了**

安永六年六月には山門修理が終了します。**写真17・18**は山門の指図(図面)です。「二十分一之図」とあるように、原寸を二十分の一に縮小しています。桁行《けたゆき》十三間、高さ十三

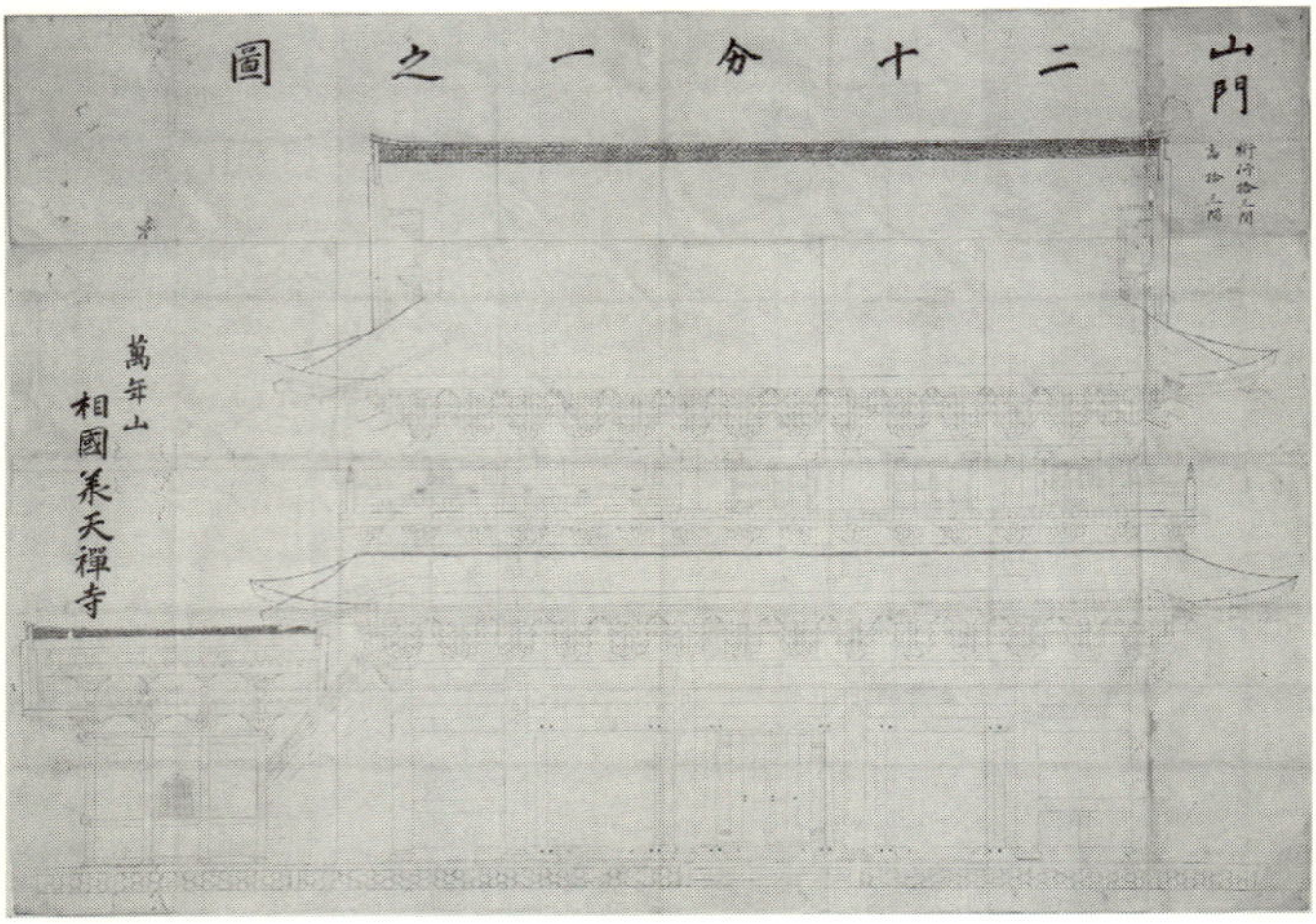

写真 17　山門指図（正面）

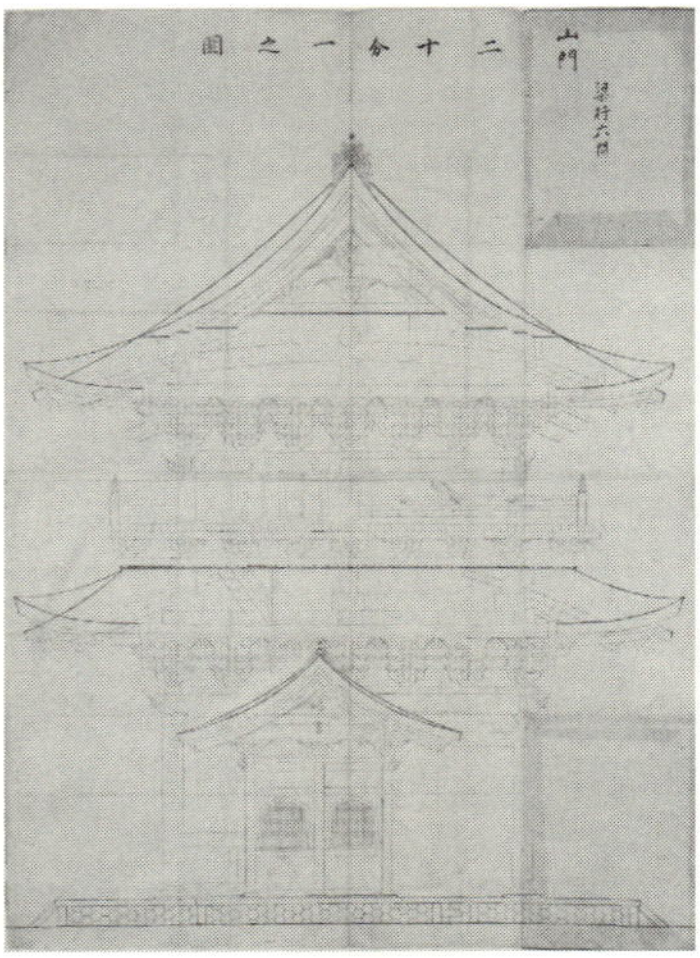

写真 18　山門指図（側面）

間とありますが、一間が約一・八メートルですので、二十メートル以上の高さがありました。現存する東福寺や南禅寺の山門に匹敵する立派な建築であったことが分かります。

富くじ興行によって生み出された多大な収益は、山門修理を成功させるとともに、困窮していた本山と各塔頭の財政健全化にも寄与しました。しかし、危機的状況を抜け出したかに見えた相国寺は、十年余り後に発生した大災害によって存亡の淵に立たされることになったのです。

## 3　天明の大火

### 天明の大火による被害

天明の大火とは、江戸時代の京都で起きた史上最大規模の火事です。天明八年（一七八八）正月晦日《みそか》未明に、鴨川東岸の「宮川筋どんぐり辻子《ずし》」より出火し、三日間燃え続け、二月二日にようやく鎮火しました。被害範囲は、東は鴨川、西は千本通、南は六条、北は鞍馬口通に囲まれたほぼ全域と、鴨川東岸では川沿いの四条から五条までと二条新地から三条以北の一帯でした。罹災《りさい》件数は、町数千四百二十四町、家数三万六千七百九十七軒、竈《かまど》（世帯）数六万五千三百四十軒、寺院二百一ヵ所、神社三十七ヵ所、武家屋敷六十七ヵ所に及び、死者は百四十九人（あるいは千六百四十七人）を数えました。大火の状況についての記録には、上昇気流と粉塵《ふんじん》のために晦日の午後から強い雨が降り、車輪のような火の玉が駆け巡って町々を焼き尽くした、鴨川に避難した人々の家財道具にも延焼したと記されています。

次の史料は「参暇寮日記」からの引用で、大火における相国寺の状況です。

表7　天明の大火被害状況

| No. | 焼失箇所 | No. | 焼失箇所 |
|---|---|---|---|
| 1 | 惣門 | 25 | 普広院 |
| 2 | 山門 | 26 | 慶雲院 |
| 3 | 宝塔 | 27 | 柏龍軒 |
| 4 | 鐘楼 | 28 | 晴雲軒 |
| 5 | 開山塔 | 29 | 禅集庵 |
| 6 | 侍真寮 | 30 | 瑞林軒 |
| 7 | 方丈・庫裏 | 31 | 松鷗庵 |
| 8 | 廊下 | 32 | 長得院 |
| 9 | 唐破風門 | 33 | 亨川軒 |
| 10 | 堀重門 | 34 | 劫外軒 |
| 11 | 方丈土蔵 | 35 | 玉龍庵 |
| 12 | 柴小屋 | 36 | 善応院・同門 |
| 13 | 仮僧堂 | 37 | 心華院・同門 |
| 14 | 非常道具入 | 38 | 養源軒 |
| 15 | 毘沙門堂 | 39 | 慈雲庵 |
| 16 | 庚神（申カ）社 | 40 | 桂芳軒・同門 |
| 17 | 稲荷社 | 41 | 徳渓軒 |
| 18 | 鹿苑院 | 42 | 瑞春庵 |
| 19 | 豊光寺 | 43 | 常在光寺 |
| 20 | 大光明寺 | 44 | 恵林院 |
| 21 | 常徳院 | 45 | 役人役宅四ヶ処 |
| 22 | 雲頂院 | 46 | 力者小屋 |
| 23 | 勝定院 | 47 | 門番小屋 |
| 24 | 雲興軒 | 48 | 役人・力者の惣門 |

※雲頂院・常徳院・勝定院・常在光寺は現存の建物がないが、延享3年（1746）の差出帳に現存とされているので加えるとされている。

寅半刻（午前四時頃）に鴨川東岸の新道から出火し、丑寅（東北）の風が強く、卯上刻（午前五時頃）に鴨川西岸に燃え移った。これより風と炎が激しくなり、時々に変化した。西・南・北へ延焼して、翌日の丑刻（午前二時頃）には御所が炎上した。主上《しゅじょう》（天皇）は下賀茂神社に移ったが、火の勢いが計り難いので聖護院に転じ、ついに仮御所とした。

二月一日の寅半刻に火が鹿苑院に燃え移り、惣門・山門・方丈・庫裡《くり》・侍真寮《じしんりょう》・祖塔・宝塔・毘沙門堂・鐘楼と塔頭二十一ヵ院が辰刻（午前八時頃）に至り全焼した。

大火が収まった次の日、京都町奉行所に相国寺が提出した「類焼御断書」という焼失した伽藍《がらん》についての報告書が存在します。その情報をまとめたのが表7です。全部で四十八ヵ所が焼失し、焼け残ったのは法堂《はっとう》・浴室と塔頭の法住院・光源院・林光院・大智院・慧林院・慈照院・富春軒・巣松軒・雲泉軒でした。

**梅荘顕常の述懐**

天明の大火の凄まじさは相国寺山内の僧侶たちに大きな衝撃を与えました。相国寺住持であった梅荘顕常（写真19）の述懐を紹介したいと思います。梅荘は、享保四年（一七一九）生まれで、慈雲庵住持独峰慈秀《どくほうじしゅう》のもとで得度《とくど》し、二十代から儒学の一派古文辞学を学

写真 19　梅荘顕常頂相

びます。漢詩の造詣が深く、「小雲棲稿《しょううんせいこう》」（小雲棲は梅荘の室号）など多くの詩集を残しました。伊《い》藤若冲《とうじゃくちゅう》の支援者としても有名です。朝鮮修文職などを務め、安永八年（一七七九）に相国寺住持に就任、享和元年（一八〇一）に死去しました。
「小雲棲消息集」に収められた梅荘の書状の一節を紹介します。

火の勢いが盛んで、これまでになかったような大災害であり、相国寺も法堂と塔頭九軒が残っただけで、他の伽藍はすべて焼失してしまった。（梅荘の自坊である）慈雲軒は、自分が留守をしていたので、弟子の景先顕喆《けいせんけんてつ》と一・二人の使用人が留守番をしていたのみであった。火の廻りが余りにも早く、ようやく本尊と仏具など什物の十分の一ほどは運び出したが、残りは丸焼けになってしまった。その中には大切にしてきた掛軸や典籍があり、とても残念なことなのだけれども、本来は空《くう》（すべての事物は仮のものであり実体はない）なのだから仕方がないと思った。

### 山内僧侶の誓約書

焦土《しょうど》と化した境内地を前にして、かつての伽藍を再建するという難題が相国寺山内の僧侶たちの肩にのし掛かりました。天明八年十二月に、住持梅荘以下、山内の僧侶三十五名が次のような誓約書を作成します。

今回の本山焼失につき、山内の僧侶は一致団結して倹約を守り、開山夢窓《むそう》国師四百五十年遠忌までには方丈と庫裏を再建して遠忌法会を執り行う。その他、崇寿院（開山塔）・山門・鐘楼・宝塔・惣門などを順次再建していく。これにより、些末《さまつ》なことであっても本山を助けるために誓約書を作成したのであり、全員に異心はない。先輩から後輩へ励志を継承し、伽藍の復旧を貫徹できるように努力をすべきである。

開山夢窓国師四百五十年忌の正当年《しょうとうねん》は寛政十二年（一八〇〇）ですから、天明八年から十二年後です。それまでには必ず方丈・庫裏を再建し、その後も順次伽藍を復興していくことを誓ったのです。

## 4　まとめ

**経営努力もむなしく**

本講の内容をまとめます。

江戸時代中期における寺領からの年貢収入は長期低落の傾向にありました。各塔頭の財政は悪化し、経営難の責任をとって隠居する住持まで現れることになったのです。

そのような苦しい状況の中で、老朽化した山門の修理という困難な事業に相国寺は取り組みます。巨額の修理費用を捻出するために、相国寺は大坂市中における富くじ興行という前例のない資金調達方法を実行することになりました。冷香軒住持古道元式を始めとする関係者の尽力もあって富くじは成功し、その収益により山門修理を完成させるとともに、本山および各塔頭の財政再建を果たしました。相国寺は一時的に持ち直しますが、そのような山内僧侶による経営努力の積み上げは、天明の大火という大災害によって無に帰してしまったのです。

江戸時代後期を迎え、社会状況が混乱していく中で、相国寺は焼け野原となった境内地から再スタートを切ることになります。

# 第四講　江戸時代後期における白隠禅の浸透と門派の衰退

## 1　禅宗の歴史と白隠禅

**玉村竹二『日本禅宗史論集』の要点**

本講では、天明の大火によって大打撃を受けた相国寺の復興過程を中心に論じます。結論を先に述べるようですが、寺を蘇《よみがえ》らせるために必要とされたのは、焼け落ちた伽藍《がらん》の再建とともに、財政難で混乱を来していた従来の門派によらない師弟間での法の継承手段を確立することでした。その問題を考察するには、日本臨済宗中興の祖と位置づけられている白隠慧鶴《はくいんえかく》（写真20）が創始した禅の修行方法が相国寺に及ぼした影響を把握することが重要です。白隠禅が持つ意味を知るには、鎌倉時代以降の日本禅宗のあり方を振り返ることが必要になります。まず、玉村竹二《たまむらたけじ》を始めとする諸先学の成果に基づいて、鎌倉時代から江戸時代にかけての禅宗の動向をご紹介したいと思います。

写真20　白隠慧鶴木像

玉村は、南北朝時代の臨済宗五山派における禅僧の実態について次のような評価を与えました。すなわち、門派の拠点である塔頭の発達により禅僧たちは私的生活に専心するようになった、儀式と文学と昇進が五山叢林《そうりん》の生活の実態となり、四六駢儷文《しろくべんれいぶん》などの漢詩の体得のために典籍の勉強に追われ、参禅の暇はなかった、とされているのです。

玉村の研究は非常に浩瀚《こうかん》なものであり、いくつかのテーマに分かれているのですが、全体として何を論じているのかを一言で表現すれば「禅宗右肩下がり論」ということになると思います。中国宋代の公案《こうあん》集（修行者が悟りを開くための課題をまとめたもの）である『碧巌録《へきがんろく》』や『無門関《むもんかん》』などに記録された生き生きとした師弟による禅問答こそが禅の理想形態なのであり、鎌倉時代の日本に禅宗が流入すると密教と習合して本来の禅のあり方が崩れてしまう。さらに室町時代には五山文学が流行して禅僧が文芸趣味に走り、禅は堕落する。江戸時代に至ると、五山文学の担い手すらいなくなって見るべきものがなくなるということが玉村の描く禅宗史の大枠です。

『日本禅宗史論集』の中に、「五山叢林《そうりん》に於《お》ける朋党《ほうとう》的弊害」というエッセー的な論文が入っています。「弊害」という、いささか感情的な論題を付けていることから分かるように、あまり学問的な文章ではありません。「朋党」とは、第二部のテーマになっている門派を指しているのであって、門派がいかに禅宗を駄目にしてしまったかを率直に嘆いている文章です。『日本禅宗史論集』は、玉村が自ら編集をしていまして、各論文の最後にコメントを付けています。「五山叢林に於ける朋党的弊害」については、恥ずかしいから載せたくなかったけれども、全集だから仕方なく掲載したと述べています。エッセー的であるが故に、玉村の物の考え方がよく出ている文章といえます。

## 四六騈儷文

四六騈儷文についても説明しておきたいと思います。玉村は五山文学について包括的な研究を行っており、主要な五山文学を編集した『五山文学新集』全六巻を著しています。その研究のエッセンスを抜き出した『五山文学』という新書がありまして、四六騈儷文について分かりやすく論じています。

四六騈儷文の「四六」とは、四文字の句と六文字の句という意味です。「騈儷」とは、「騈」は馬が二匹並ぶ、「儷」は夫婦が二人並ぶという意味です。つまり、四六騈儷文とは、四字句と六字句が対句になっている漢詩ということになります。

四六騈儷文の典型的な形は、

〇〇〇〇　〇〇〇〇〇〇
〇〇〇〇　〇〇〇〇〇〇

というように、四字句の下に六字句があり、それが二行あって対句になっているもので、これを隔対句（かくついく）といいます。

単対句（たんついく）というものもありまして、

〇〇〇〇
〇〇〇〇

というように、二句が対句になっているものです。

四六騈儷文は、隔対句と単対句を交互に繰り返していきます。対句なので、品詞もすべて左右対照にする必要があります。固有名詞に対照するのは固有名詞、普通名詞に対照するのは普通名詞ということになり、しかも使用する言葉は膨大な量の典籍の中から典拠を求めないといけません。このように、四六騈儷文は非常に複雑な漢詩なのですが、絶海（ぜっかい）中津（ちゅうしん）などは名手でありまして、すばらしい句を多数残しているのです。このような漢詩を書くためには、凄まじい量の勉強をしなければなりません。まさに参禅の暇などなかっ

第二部　江戸時代の相国寺　　126

たでしょう。

### 「公案禅の口訣化」

以上が室町時代における五山叢林の有り様なのですが、一方で禅林には林下《りんか》と呼ばれる集団がありました。林下とは、五山のように幕府の庇護や統制を受けていなかった集団のことです。大徳寺や妙心寺、曹洞宗などが林下ということになります。林下の禅は、五山の文芸趣味を否定した僧侶によって担われたので、参禅そのものが目的であり、自由に師匠を求めて遍参遊方することができました。

しかし、そのような林下の禅も少しずつ変質し始め、問答商量《もんどうしょうりょう》が技術的な方向に走っていきます。やがて、師匠が出す公案の癖を発見して、それに則《のっと》って関門を透《とお》って印可《いんか》を受けようとする者たちが現れました。玉村はこのような傾向を「公案禅の口訣《くけつ》化」と表現しています。口訣とは口伝《くでん》のことです。さらに林下は、信者や外護者《げごしゃ》の獲得のために、俗人へ簡単に印可を与えるようになります。

### 「伽藍法系」と「印証法系」

玉村は、室町時代の禅宗が以上のような変化を遂げたことによって、法系のあり方も変質し、「伽藍法系」(伽藍法)と「印証(印可証明)法系」(人法)という二つの性質に分かれたと述べています。

「伽藍法系」とは、寺院に付属している法系のことです。本来、法は人から人へ受け継がれていくものですが、それが寺院に属するようになったのです。例えば、春屋妙葩《しゅんおくみょうは》の塔所《たっしょ》である塔頭を継ぐのは春屋の弟子であるべきですが、物事が逆転して、その塔頭を継ぎたい者が春屋の法系に連なるようになります。「公案禅の口訣化」のような状況に対応して法系が形式化し、住持になるために便宜な人の法を継ぐ形に変化したのです。

それに対して「印証法系」とは、寺院に関係なく人から人へ伝えられる法系のことです。「印証法系」の典型例が、戦国時代末の臨済宗で生まれた幻住派《げんじゅうは》の法系です。幻住派は、林下の禅の口訣を総合化した「密参録《みっさんろく》」、つまり口伝になった禅問答の内容を体系化した問題集を編纂しました。実践的な林下の禅に憧れていた五山の禅僧は、「伽藍法系」を断ち切らないまま幻住派の印可を受けるようになったのです。この結果、一人の禅僧の中に、「伽藍法系」と「印証法系」が二重化して存在するようになりました。西笑承兌《せいしょうじょうたい》も印可を受けるなど、幻住派は安土桃山時代の京都五山で大流行しましたが、江戸時代初期には姿を消し、法系の二重化はいったんは無くなります。

## 江戸時代における参禅の復興

江戸時代に入ると禅宗に大きな変化が起こりました。そのきっかけは、隠元隆琦《いんげんりゅうき》が中国から黄檗《おうばく》禅をもたらしたことです。隠元は、寛文三年（一六六三）に宇治の万福寺で開堂（新住持の説法の儀式）を行い、日本に黄檗禅を広めます。実践を大切にする黄檗禅の影響を受けて、京都五山でも参禅への関心が高まるようになります。

さらに、享保期（一七一六～三六）に改革政治を進めた八代将軍徳川吉宗《とくがわよしむね》が、五山に対して「道徳学問次第」に人材を登用せよとの方針を示したことに従い、金地僧録乾巌元雄《けんがんげんゆう》は次のような指示を五山に出します。すなわち、「僧侶は昼夜を問わず参禅学問をしなければならない。もしそれを怠っている僧侶がいたならば、師匠は言うまでもなく、住持・参暇も激しく鞭《むち》を打つこと」を命じるものでした。

そのような流れの中で、五山でも参禅を復活させる動きが出始めます。享保十四年（一七二九）に実施された東福寺開山聖一《しょういち》国師四百五十年遠諱《おんき》において、室町時代以来の大建築である東福寺大禅堂で結制大会《けっせいだいえ》（僧侶が集団で修行する法会）が催されます。それを契機として、同十九年から京都五山が回り持ちで大会を催し続ける連環《れんかん》結制が開始され、臨済宗各山は僧堂の復興を目指すようになります。明和三年（一七六六）に天龍僧堂が落成、同年には妙心寺でも僧堂の着工が行われ、寛政八年（一七九六）には南禅僧堂が完成するなど、参禅の場が整備されました。

### 古月禅材と白隠慧鶴

参禅の復活により、修行僧（雲水《うんすい》）を指導する師匠（師家《しけ》）が必要になりました。最初に活躍したのは、九州で活躍した古月禅材《こげつぜんざい》です。古月とその弟子たちは、人的な需要に応じて勢力を伸ばしますが、白隠が台頭するとともに白隠門下に吸収されます。

白隠は、有名な「隻手音声《せきしゅおんじょう》」（片手の声）の公案を新たに創出するなど、僧堂における指導法を体系化・効率化しました。さらに、『宗門無尽燈論《しゅうもんむじんとうろん》』を著した東嶺円慈《とうれいえんじ》などの多くの弟子を育て、白隠禅が臨済宗全体に広がる基盤を作りました。このような功績を残したので、白隠は日本臨済宗中興の祖と位置づけられたのです。明治以降の臨済宗各僧堂の師家は、全て白隠の法系を継いでいます。臨済宗各山の法系は、開山から続く「伽藍法系」と白隠禅による「印証法系」に再び二重化したのです。

## 2　僧堂再興の発端と白隠禅の浸透

### 僧堂成立以前の状況

次に、相国寺において参禅の復活と白隠禅の浸透がどのように進んだかを具体的に論じたいと思います。

相国僧堂が再興されるきっかけは、明和七年（一七七〇）二月十七日に光源院住持維明《いめい》周奎《しゅうけい》が本山参暇に対して行った次の願いにあったと考えられます。

大智院の再建について数年来心がけているが、門派の光源院・慈照寺ともに困窮しているので、本山の僧堂を兼ねる形での建立を願う。

明和期には相国寺に僧堂がなかったわけですから、どのように雲水の指導をしていたかは問題になると思いますが、「参暇寮日記」には、安永元年（一七七二）七月二十日に僧堂衆が光源院から鹿苑院へ移動したこと、八月十一日に鹿苑院内に仮僧堂が建立されたことが記録されています。そこから山内塔頭に臨時の僧堂を設置して参禅を行っていたことが分かります。

天明七年（一七八七）十月二十三日に大智院の庫裏が再建されます。客殿の再建については自力で及びがたいので、本山が再建して僧堂の用に供することを維明は提案しました。

**相国寺山内への白隠禅の浸透**

この時期には白隠門下の僧侶が相国寺山内で提唱《ていしょう》（禅語録などの講義）を行っています。

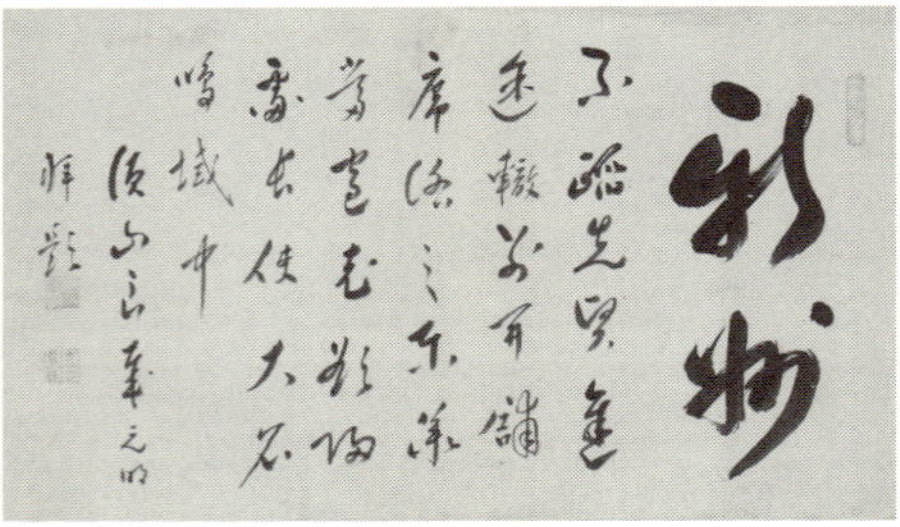

写真 21　良哉元明道号頌

写真 23　天真集膺頂相

写真 22　新州周鼎頂相

明和七年閏六月二十四日に東嶺円慈が鹿苑院で『碧巌録』を、安永六年五月二十九日に良《りょう》哉元明《さいげんみょう》が仮僧堂で『臨済録』を、同年七月二十日には良哉が慈照寺で『祖英集』を提唱しました。良哉が慈照寺で提唱を行った理由は、住持の新州周鼎《しんしゅうしゅうてい》が弟子であったからです。**写真21**は良哉が新州に与えた「道号頌《どうごうじゅ》」と呼ばれるもので、師匠が弟子に道号を授ける際にその意味などを添えて渡すものです。また、**写真22**は新州の頂相《ちんそう》（禅僧の肖像画）です。最後に「前真如周鼎自書」とあるので自賛です。

また、東嶺にも相国寺山内に弟子がいました。玉龍庵住持天真集膺《てんしんしゅうよう》です。天真は若狭国に生まれ、梅荘顕常《ばいそうけんじょう》に学ぶとともに東嶺に参侍しました。安永四年より玉龍庵住持に就任し、天明の大火のときには防火に奮迅《ふんじん》しています。大火後の玉龍庵再興にも尽力し、文化八年（一八一一）に没しました。**写真23**は天真の頂相です。「前相国集膺自題」とありますので、これも自賛です。

### 東嶺円慈から天真集膺への書状

天明八年四月二十一日に東嶺は天真に印可を与えています。**写真24**はその印可状であり、左下にある特徴的な蛤《はまぐり》形の図形は東嶺の花押です。東嶺は白隠慧鶴の一番弟子ですので、天真が東嶺から何を教わったかは興味のあるところですが、残念ながら『東嶺和尚年譜』

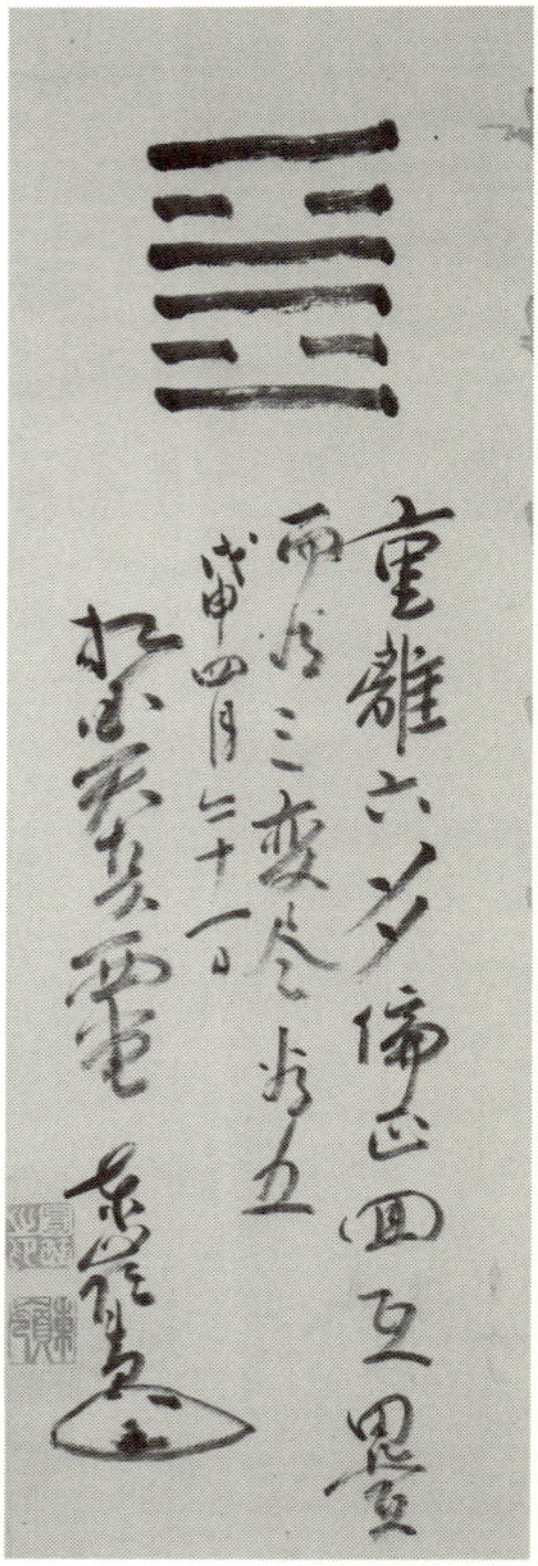

写真24　東嶺円慈印可状

には天真についての記述はありませんでした。しかし、東嶺が天真に出した書状が軸装されて現存しています。天真が沈香《じんこう》と納豆を贈ったことについての礼状であり、次のように書かれています。

天真が相国寺に帰ってからは、世俗の用事が多くて疲れてしまったが、それは現在では世間（一般社会）・法中（出家の世界）ともに免れることができないことだ。ただ道念（仏道修行をする心）濃厚、世間軽微の一句を心に銘じて、自利利他（自ら悟るとともに人々も救う）の大願と真風（仏の教え）の奮志を助け起こし、これを祈るのみである。

もう私は疲れてしまったんだと漏らしているわけですから、東嶺と天真の間が近しい関係であったことがうかがえます。

以上の新州と天真の事例から、白隠の系統が江戸時代中期の段階で相国寺に入ったことが分かります。

## 3　相国僧堂の成立

### 僧堂開単と誠拙周樗の招聘

文政元年（一八一八）九月二十三日、大智院において昭堂（祖師の礼拝を行うための堂）と選仏場（僧堂）の上棟式が行われました。相国寺の念願であった僧堂の再興が達成されたのです。同三年には僧堂開単《かいたん》（僧堂を開くこと）のために円覚寺の誠拙周樗《せいせつしゅうちょ》（写真25）が招かれることになりました。

写真 25　誠拙周樗頂相

誠拙は、延享二年（一七四五）生まれ。古月門下である武蔵国東輝庵の月船禅慧《げっせんぜんね》に参じ、明和八年（一七七一）に円覚寺に移ります。天明元年（一七八一）から文化五年（一八〇八）まで再興された円覚僧堂の初代前版職（師家）を務めました。文化六年に相国寺へ前版職として拝請《はいしょう》（招くこと）されまして、雪安居《せつあんご》（冬の修行に専念する期間）結制大会《だいえ》で『夢窓録《むそうろく》』を提唱しますが、同七年には辞任しています。

一年だけ前版職に在任した誠拙を、僧堂を再興するにあたって正規に招こうとしたのであり、光源院住持の拙庵元章《せつたんげんしょう》が拝請のため円覚寺に赴きます。誠拙が住持する塔頭として心華院が宛てられることになり、拙庵の尽力によって客殿などが新たに建立されました。このような努力もありまして、誠拙は相国寺に移ります。

「参暇寮日記」文政三年四月十五日条には次のような記述があります。

　僧堂において晴雲大和尚（以《い》中《ちゅう》 玄保《げんぽう》）と参暇の明《みょう》 叟承《そうじょう》 徹《てつ》が巡堂するとともに、僧堂の役位にある雲水が挨拶し、結制が例のごとく行われた。新僧堂の開単につき、方丈において不顧《ふこ》和尚（誠拙）が『碧巌集』を提唱し、京都五山や関係寺院から来た約三百人の僧侶が誠拙を囲んだ。

せっかく招かれた誠拙ですが、このときには体調を崩しておりまして、六月に至り病状を悪化させ、同十九日に死去しました。

### 誠拙周樗没後の前版職

誠拙の没後は拙庵が前版職を継承します。天保八年（一八三七）に拙庵も死去しまして、大拙承演《だいせつじょうえん》が前版職を引き継ぐことになります。大拙は、相国寺初代管長荻野独園《おぎのどくおん》、円覚寺初代管長今北洪川《いまきたこうせん》の師匠です。明治初期の臨済宗における高僧として知られるこの二人を厳しく指導し、「鬼大拙」と称されました。『近世禅林僧宝伝』によれば、大拙は若狭国に生まれ、相国寺末の若狭国東源庵住持実堂隆公《じつどうりゅうこう》に従って得度受戒し、白隠門下の岡山曹源寺太元孜元《たいげんしげん》に参じたとされています。大拙が前版職になったことで、初めて相国僧堂が白隠禅の修行道場となったのです。

嘉永五年（一八五二）七月五日に、大拙は本山参暇・幹事に「口上覚」を提出し、自らが病身のために越渓守謙《えつけいしゅけん》を前版職の代勤にすること、大通院を再建して僧堂とすることを願い出ています。これを契機に僧堂が大智院から大通院に移動し、現在の相国僧堂が成立することになったのです。

## 4　伽藍の復興

### 仮伽藍の建造

天明の大火で伽藍の大部分が焼失した直後に、法要を継続するための仮伽藍が建造されていきます。まず、寛政元年（一七八九）三月に大坂において三尺一寸の大鐘を代銀四貫二百十匁で購入し、四月に仮鐘堂が建立されます。同二年九月に焼け残った富春軒の客殿と庫裏を鹿苑院に移築し、仮方丈として開山忌などの法要が勤められます。開山国師像も鹿苑院に遷座して仮開山塔となりました。

**本格的な伽藍再興**

本格的な伽藍再興は、寛政九年八月の総門上棟式が端緒です。文化元年（一八〇四）九月二十二日には開山塔・方丈・庫裏の起工式が行われました。同四年九月九日に方丈の上棟式があり、同月二十四日に開山塔が落成し、開山国師像が遷座します。なお、開山塔の建物は、享和二年（一八〇二）十一月十一日に武家伝奏の勧修寺《かじゅうじ》経逸《つねはや》・千種有政《ちぐさありまさ》に願い出て拝領した恭礼門院《きょうらいもんいん》（桃園《ももぞの》天皇の女御《にょうご》）の旧殿一棟を移築したものです。

天保十三年（一八四二）一月七日に洪音楼《こうおんろう》（鐘楼）再建の釿始《おのはじめ》式、弘化元年（一八四四）十一月八日に同上棟式が行われ、さらに安政六年（一八五九）九月二十一日に宝塔再建の斧始式、万延元年（一八六〇）八月十九日に同落慶式と続きます。幕末までの長い時間を費やして七堂伽藍は復興されていきますが、どうしても再建を果たせなかったのが山門です。

## 山門再建運動

前講で慶長十二年（一六〇七）に徳川《とくがわ》家康《いえやす》が山門の棟に墨書をしたことを述べましたが、その部分が焼け残っており、老中松平《まつだいら》定信《さだのぶ》の命令で残った部分を箱に納めて二度と開かないように封印されました。**写真26**はその墨書部分です。「源家武運与山門同永久矣」という文字が読み取れます。

家康由緒の山門であることから、幕府にいくたびも再建を願い出ています。まず、天明の大火から二ヵ月後の天明八年四月に、幕府寺社奉行土井《どい》利厚《としあつ》に対して古道《こどう》元式《げんしき》が願書を提出しますが、同年八月に返却されます。古道は、前講で論じた富くじ興行の責任者です。寛政六年（一七九四）・同八年に梅荘が寺社奉行に願い出ますが、「追って沙汰する」（寛政六年）「御時節をもって旧に復さるべき」（同八年）という理由で却下されます。寛政十年・享和三年（一八〇三）にも願い出ますが、「沙汰に及びがたい」との回答でした。

写真26　山門柱墨書部分

文化三年（一八〇六）になり、古道が寺社奉行に願書を提出するため京都町奉行所へ添状の発給を願い出ますが、この年は江戸の三大大火のうちの文化の大火が起こった年であり、寺社奉行に願書を提出すれば叱責されるであろうという理由で却下されています。文化十年には盈冲《えいちゅう》周整《しゅうせい》が願い出ますが、また却下されるということで、記録に残っている再建願いは都合七回、すべて却下されました。江戸時代後期で幕府も力が落ちていますので、とても再建のための費用を拠出することはできなかったのです。結局、山門は再建することができず、現在の山門跡地には礎石だけが残っています。

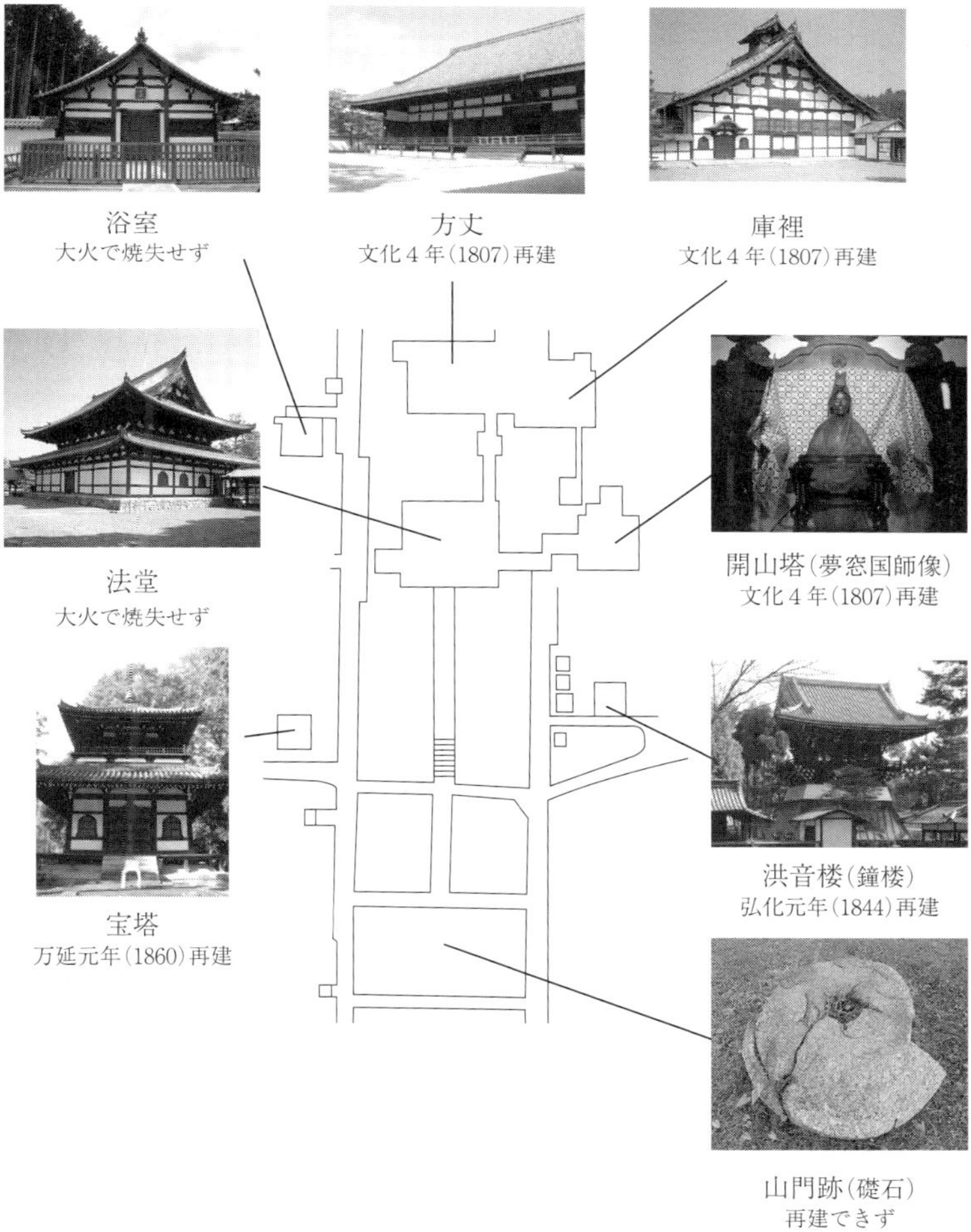


図８　天明の大火後の相国寺境内中心部

## 5　常徳派による輪番住持制の破綻と鹿苑寺の混乱

**常徳派各塔頭の財政危機**

次に、前講まで論じてきた門派の運営が江戸時代後期にどのような変容を遂げたかについて、常徳派を事例に検討します。

寛政七年（一七九五）十二月に、常徳派の桂芳軒・巣松軒・心華院・養源軒、すなわち輪番住持制を担う四ヵ寺一統が本山参暇に借用書を提出します。その内容は次のようなものでした。

①本山向拝借銀六十一貫三百九十匁の利息と天明六年（一七八六）御救《おすくい》許借《きょしゃく》銀《ぎん》九百匁の合計銀六貫七百二十一匁余りを拝借する形で延納する。

②その抵当として、銀三貫匁の借用証文、常徳派四ヵ寺の蔵書の全て、「蔭凉軒日《いんりょうけんにち》録《ろく》」全十一冊、足利義政《あしかがよしまさ》の乗鞍《のりくら》・鎧《よろい》、心華院の旧跡にある庭石全部を設定する。

翌寛政八年十二月には、山内塔頭が財政難のために不和合の状態になり、方丈の再建や開山国師遠忌の実施も危ぶまれるため、常住諸口・参暇寮・真如寺・鹿苑院・別納物方の五ヵ所から貸し付けられた銀子について十八ヵ年の延納を認めることや、翌年からの各塔頭による借銀を禁止することなどが決定されます。

さらに、同年十二月二十一日に壁書《へきしょ》（掟書）を作成し、以下のことを取り決めます。

これまでよりも一段に苦労を耐え忍んで倹約を守り、本山からの出銀については毎年少しの滞りもなく返済し、塔頭を維持して、大火で焼失した伽藍を再建しなければならない。本山を助け守っていく志を持ち、仏法としても世間の法としても分相応に精勤しなければいけない。

**輪番制の破綻**

本山からの救済措置もあり、相国寺山内が結束して危機を乗り越えていくという決意の壁書を作成した一ヵ月後の翌寛政九年一月、巣松軒住持高陽承《こうようじよう》隆《りゆう》と鹿苑寺住持三甫《さんぽ》玄省《げんしよう》から本山参暇に対して次の内容の「口上覚」が提出されます。

①心華院・養源軒・桂芳軒の借銀が合計銀百二十貫匁ほどに及び、三ヵ寺の財産全てを処分しても利息すら支払うことができない。

②桂芳軒住持宜《ぎ》堂承《どうじよう》休《きゆう》と心華院住持瓊林承《けいりんじよう》温《おん》は責任をとって退院を願い出た。

③本山や債務者に申し訳ないので、両人は一両日以前に山外へ退去した。

④豊光寺・大光明寺の仏事は高陽が代行しているが、両寺が輪番から欠けたことと

三ヵ寺の借財処理について本山の善処を願う。

本山は、右の願いを却下するとともに、問題の対処について様々に議論しますが、結論は出ませんでした。なお、養源軒はこのときには既に無住でした。

四月四日になり、本山がようやく決定を下します。

①宜堂・瓊林には退院を命じる。宜堂の西堂職公帖《こうじょう》は本山が預かる。

②高陽は叱責とする。

③高陽に桂芳軒と心華院の管理を命じる。

輪番住持の中で一人だけ残った高陽に全ての問題を背負わせる結果となり、処分に耐えかねた高陽は、豊光寺・大光明寺・心華院・養源軒・桂芳軒・巣松軒に普広院を合わせた七ヵ寺の本山支配と自身の隠居を願い出て、五月十四日に巣松軒を退去、大徳寺の空坊に移ります。

五月二十八日に本山は高陽に退院を命じます。六月には、参暇汶川《ぶんせん》慧汶《えもん》が金地僧録に対して、豊光寺と大光明寺は山内の出世の僧侶によって輪番すること、それ以外の五ヵ寺は本山で預かることを報告しています。このような経緯で常徳派の輪番住持制は破綻したのです。

### 鹿苑寺住持の不祥事

また、同じ常徳派の鹿苑寺も江戸時代後期に入ると混乱します。

寛政元年（一七八九）二月に、鹿苑寺住持龍門承猷《りょうもんじょうゆう》が、天明の大火後は外泊ばかりしていて、修正会《しゅしょうえ》（一月に行われる法要）や大檀那《おおだんな》御忌日《ごきにち》御供養（徳川将軍家の命日供養）を怠っていたことが明らかであるという理由で巣松軒への謹慎を本山から命じられます。翌寛政二年正月に龍門は隠居し、林光院住持三甫《さんぽ》玄省《げんしょう》が鹿苑寺に移ることになります。

三甫は、鹿苑寺が多額の借銀で難渋しているので、寛政七年八月に翌年三月より五十日間の石不動開帳を本山に願い出ています。本山は許可しますが、先年行われた開帳の問題点について、

①伽藍修復を理由としていたのに閉帳後何もしなかったこと、

②庭の池（鏡湖《きょうこ》池《ち》）付近に煮売茶屋を置いて魚肉を販売したことの評判がよくなかったこと、

の二点が指摘されました。

寛政九年に三甫は林光院に戻り、弟子の導銓《どうせん》（道号は不明）が鹿苑寺住持を継ぎますが、同十一年に「不行跡」を理由に本山から退院を命じられます。弟子の「不行跡」であることから、三甫は本山から再住を厳命されますが翌年に死去し、鹿苑寺の管理は梅荘顕常に

預けられることになります。享和元年（一八〇一）に梅荘が死去すると鹿苑寺は本山管理となり、文化五年（一八〇八）に林光院住持以中《いちゅう》玄保《げんぽう》が鹿苑寺に移転します。

それから五十年ほど経過した安政元年（一八五四）に、また不祥事が発生します。住持の拙応承胤《せつおうじょういん》に「身上不取締」があったために法眷《はつけん》（法類と同じ）中から義絶されるのです。十一月に拙応は年貢米の売却代金二十三両を持ったまま寺を出奔《しゅっぽん》しました。本山和尚・常徳派中・法類は鹿苑寺に出向いて蔵を封印するとともに、拙応の公帖を本山に持ち帰っています。拙応が残した借財についても調査を行ったところ、銀百二十五〜六貫匁、金約千二百両という莫大な金額に及んでいました。

十二月四日に、拙応一件について次のような本山衆議の結果が常徳派中・法類に申し渡されました。すなわち、

①拙応は退院とすること、

②追ってしかるべき僧侶を探して後住とすること、

③鹿苑寺の諸事は本山が預かって差配すること、

の三点です。後住については、安政二年九月に円覚寺の東海昌晙《とうかいしょうしゅん》（誠拙周樗の弟子）の高弟である淵龍梵珠《えんりょうぼんじゅ》を拝請しますが、断られます。また、鹿苑寺問題の処理のために安政元年十二月から「北鹿幹事《ほくろくかんじ》」という役職ができ、慈照院住持養冲中珽《ようちゅうちゅうてい》が任じられます。

さらに光源院住持憲道周顒《けんどうしゅうこう》がその役を引き継いで改革に取り組み、一定の成功を収めました。慶応二年（一八六六）に憲道が住持に就任し、鹿苑寺は明治維新を迎えるのです。

## 6　まとめ

**白隠禅の持つ意味**

本講の内容をまとめます。

江戸時代中期に至り、白隠禅の影響は相国寺山内に及び始めました。新州周鼎・天真集膺は白隠門下の良哉元明・東嶺円慈の弟子になっています。しかし、相国僧堂の初代前版職は円覚寺から拝請された古月門下の誠拙周樗であり、新州や天真の法系がそのまま相国僧堂に及んだわけではありませんでした。相国僧堂が白隠門下になったのは三代目前版職の大拙承演以降であり、白隠禅の本格的な浸透は幕末期であったと評価できるでしょう。

白隠の系統が相国寺に入った過程は右の通りですが、そもそも相国寺は妙心寺で始まった白隠禅をなぜ積極的に受け入れたのか、その理由が問われると思います。まず、江戸時代中期の臨済宗内において各本山の僧堂再興に見られるような正法復興運動が広がっており、そのような流れの中で白隠慧鶴が僧侶養成のシステムを作り上げたことを考慮する必要があるでしょう。臨済宗全体の反省と要望を満たしていたからこそ、相国寺を始めとする五山側に白隠禅は受け入れられたのです。

また、門派ごとに分立していた山内の法系が、幕末期に至って白隠法系によって一元化されたことも重視すべきです。門派に備わっていた中心的塔頭の開祖への意識が財政難や輪番住持制の破綻で薄まっていくとともに、白隠禅への意識が相国僧堂の確立によって高まったという流れが存在したのではないでしょうか。白隠禅の浸透は本山への集権化と平行して進んだと考えられます。

## 門派の衰退と新たな組織運営原理の獲得

天明の大火後、相国寺は山内を挙げて伽藍の復興に取り組みますが、再建までに方丈と開山塔は十九年、洪音楼（鐘楼）は五十六年、宝塔は七十二年の歳月を費やすことになりました。山門再建は、七回にわたる幕府への請願も空しく、達成されることはありませんでした。

天明の大火が相国寺に与えた打撃は余りにも大きく、常徳派の各塔頭は極度の財政難に見舞われます。豊光寺・大光明寺の輪番を担った四塔頭は住持が経営を投げ出す事態となり、常徳派による輪番住持制は破綻しました。鹿苑寺においても住持の不祥事が頻発し、その結果として常徳派の各塔頭は本山の管理下に置かれることになります。門派の自治が機能しなくなったのです。

鹿苑寺への「北鹿幹事」派遣に見られるように、門派の解体は本山への集権化に結びつきました。相国寺は、財政難などの問題に苦しみながら、本山を中心とする新たな組織運営の原理を獲得したのです。その原理が近代を迎える相国寺にとってどのような意味があったのかという問題を含めて、第三部で明治維新以降の相国寺の足取りを追っていきたいと思います。

料金受取人払郵便

京都中央局
承　　認

5682

差出有効期間
平成31年４月
９日まで

(切手をはらずに
お出し下さい)

郵便はがき

6 0 0 8 7 9 0

1 1 0

京都市下京区
正面通烏丸東入

**法藏館** 営業部 行

**愛読者カード**

本書をお買い上げいただきまして、まことにありがとうございました。
このハガキを、小社へのご意見またはご注文にご利用下さい。

お買上 **書名**

＊本書に関するご感想、ご意見をお聞かせ下さい。

＊出版してほしいテーマ・執筆者名をお聞かせ下さい。

| お買上 **書店名** | 区市町 | **書店** |
| --- | --- | --- |

◆新刊情報はホームページで　http://www.hozokan.co.jp
◆ご注文、ご意見については　info@hozokan.co.jp

18.2.50000

| ご氏名《ふりがな》 | 年齢　　歳　男・女 |
|---|---|
| 〒□□□-□□□□　ご住所 | 電話 |
| ご職業（ご宗派） | 所属学会等 |
| ご購読の新聞・雑誌名（ＰＲ誌を含む） | |

ご希望の方に「法藏館・図書目録」をお送りいたします。
送付をご希望の方は右の□の中に✓をご記入下さい。　□

# 注文書

月　　日

| 書　　名 | 定　価 | 部　数 |
|---|---|---|
| | 円 | 部 |
| | 円 | 部 |
| | 円 | 部 |
| | 円 | 部 |
| | 円 | 部 |

配本は、○印を付けた方法にして下さい。

イ. **下記書店へ配本して下さい。**
（直接書店にお渡し下さい）

（書店・取次帖合印）

書店様へ＝書店帖合印を捺印の上ご投函下さい。

ロ. **直接送本して下さい。**
代金（書籍代＋送料・手数料）は、お届けの際に現金と引換えにお支払下さい。送料・手数料は、書籍代 計5,000円 未満630円、5,000円以上840円です（いずれも税込）。

**＊お急ぎのご注文には電話、ＦＡＸもご利用ください。**
**電話 075-343-0458**
**FAX 075-371-0458**

**（個人情報は『個人情報保護法』に基づいてお取扱い致します。）**

# 第三部　明治〜昭和期の相国寺

# 第一講　国家神道体制の形成と相国寺派の動向

## 1　明治国家の成立と神道国教化政策

### 第三部の分析視角

第三部では、明治期から昭和期にかけての相国寺の動向について考えます。後述するように、近代社会において仏教教団は「宗派」という概念で制度的に把握されることになりました。これ以降の叙述では、本山相国寺とその末寺を相国寺派と表現します。

第二部では、江戸時代の相国寺が本山を中心とする集権的な組織に変容したことを明らかにしました。新政府が成立し、国家権力による統制が深化していく過程で相国寺派は変革を要求されますが、江戸時代において獲得された組織運営の原理が宗派の近代化にどのような役割を果たしたのかをまず考察します。

また、第二部第二講で、江戸時代における相国寺の末寺が七十八ヵ寺しか存在しなかったことを指摘しました。その末寺を引き継いだ近代の相国寺派は人的・財政的に基盤の弱さを抱えることになったのです。そのような弱点を持つ相国寺派が、生き残りをかけて明治以降にいかなる活動を展開したのかを検討することも第三部のテーマになります。

まず、相国寺派の動きを考察するための前提となる新政府の宗教政策から話を始めたいと思います。

## 王政復古の大号令

幕末維新期の政局は、薩摩藩・長州藩と幕府との激しい政治闘争の結果、慶応三年（一八六七）十月に将軍徳川慶喜《とくがわよしのぶ》が朝廷に大政奉還を行ったことで大きな画期を迎えます。薩摩藩・長州藩に擁《よう》された朝廷は、十二月九日に王政復古の大号令と呼ばれる新政府の施政方針を打ち出したのです。

王政復古の大号令では、摂政・関白、そして幕府を廃止して、国家創業における神武《じんむ》天皇親政の形に政治のあり方を戻すことが表明されました。このような施政方針が示された理由として、明治維新が薩摩藩・長州藩のクーデターとして行われたことが挙げられます。薩摩藩・長州藩は、天皇を担《かつ》いで神武天皇による国家創業の政治に戻す方針を示すことで新政府の正統性を確保しようとしたのです。

神武天皇による国家創業の政治とは、万世一系《ばんせいいっけい》の天皇を頂点とする祭政一致《さいせいいっち》の政治への回帰と表現できます。「万世一系」とは、神武天皇以来、歴代天皇家が断絶せずに一貫して日本を治めてきたとする神話を意味します。「祭政一致」の「祭」とは宗教のことであり、ここで念頭に置かれている宗教とは神祇《じんぎ》（＝神道）のことを指しています。天皇が政治と宗教を一元的に掌握する体制を構築することが新政府の方針でした。

## 神道国教化政策

天皇を核とした政治と宗教の一体化は、神道国教化政策と呼ばれる新政府の宗教政策によって具体的に進められました。まず、慶応四年三月十三日に神祇関係の最高官庁である神祇官が再興されます。神祇官は古代国家において存在した官庁であることから、「再興」ということになります。そして、神祇官に全国の神社・神職を付属させることが新政府によって布告されるのです。

それと同時に、皇居で天皇が行う神事、すなわち宮中祭祀も整備されます。現在でも新嘗祭《にいなめさい》（十一月二十三日の収穫祭）が皇居で天皇によって行われていますが、天皇親祭による新嘗祭は明治初年に新しく始まったことです。一月三日に実施される元始祭《げんしさい》も新設された祭祀です。これらの宮中祭祀は、全国の神社祭祀とピラミッド型に結びつけられました。

宮中祭祀と同様の祭祀を地方の神社で行うことが目指されたのです。各地の神社は明治国家の国民となった民衆を氏子にしていますので、天皇による宮中祭祀が全国民に影響を与える構造が成立することになります。このような構造を創り上げ、天皇の神権的な絶対性を強調し、神道を国教としてイデオロギー化することで、新政府は国家統治の正統化を試みたのです。

以上に述べたような近代に創出された神道中心の神社祭祀に対して、江戸時代以前の神社は仏と神を一体として捉える神仏習合《しゅうごう》の状態にありました。各地の神社には神宮寺が附属していることが多く、神宮寺の住持である社僧《しゃそう》（別当《べっとう》）が神社の祭祀を司《つかさど》っていたのです。宮中においても、天皇即位の際には真言密教に基づく即位《そくい》灌頂《かんじょう》と称する儀式が行われており、天皇の葬儀は仏式で実施されました。江戸時代においては仏教は事実上の国教であり、社会に占める比重が大きかったのです。

よって、神道国教化政策が開始されると、仏教優位で神仏が一体化した神社祭祀のあり方は、新政府にとって非常に不都合なものになりました。新政府は、全国の神社から仏教的な要素を取り除いて神道に純化させる政策を推進していくことになります。

## 神仏分離令と廃仏毀釈

一般的に新政府の対仏教政策については、すべての仏教宗派の寺院が徹底的に破壊された廃仏毀釈《はいぶつきしゃく》のイメージが強いのですが、新政府の真意は神仏習合状態にある神社から仏教的要素を取り除く神仏分離にありました。従って、神仏分離政策で最も打撃を受けた宗派は神仏習合を中心的に担った天台宗や真言宗であり、寺檀関係を基盤とする浄土真宗などは比較的打撃を受けなかったのです。

新政府の神仏分離政策は、慶応四年三月十七日に全国の神社に対して別当・社僧の復飾《ふくしょく》を命じたことから始まります。復飾とは還俗《げんぞく》（僧侶が俗人に戻ること）のことです。さらに、神社に対して権現《ごんげん》などの仏語を神名に用いることを禁止します。権現は、仏が人々を救うために神に姿を変えてこの世に現れたという意味であり、仏教的な神の解釈なのです。

これらの新政府による命令の影響で、慶応四年四月一日に延暦寺の鎮守である日吉山王社（現日吉大社）で廃仏毀釈が発生しました。武装した一隊が神域に乱入して、仏像・仏具などを次々に破壊し、焼き捨てたとされています。新政府は、ここまで過激に神社から仏教的要素を取り除くことは望んでおらず、神仏分離を慎重に行うよう全国に布告を出しました。しかしながら、勢いづいた神職などの活動もあり、一部の地方や藩において徹底的な廃仏毀釈が行われたのです。代表的な事例が、明治三年（一八七〇）に起きた美濃苗木藩における廃仏毀釈です。

## 廃仏毀釈の実例

苗木藩では領内の全寺院が取り壊され、仏式の葬儀が否定されて神葬祭という神式の葬儀に改められました。苗木藩での廃仏毀釈の激しさを示すエピソードを紹介したいと思います。

苗木藩領の塩見村に柘植謙八郎《つげけんぱちろう》という人物がいました。謙八郎の祖父は非常に信仰の厚い仏教徒であり、すべての仏壇を破壊して神葬祭に改めよとの藩の命令に対して、「仏壇を壊すなどとんでもない」と反対します。謙八郎は家の仏壇をそのままにしておいたのですが、そこへ苗木藩の知藩事（版籍奉還《はんせきほうかん》後の藩主）が視察に来て事件が起こります。事件の内容を示す文章を引用します。

知事公（知藩事）は大声で謙八郎を叱りつけ、右の仏壇を明朝庭前へ持ち出すべき旨を命じられた。（中略）もったいないことに仏壇のご本尊を始め、脇懸《わきがけ》（本尊の左右に掛ける軸）六幅を、庭前の泥上でいちいち土足にかけ、火中へ投げ込み、（中略）ついに焼き払ってしまった。

以上のような神仏分離令とそれに伴う廃仏毀釈によって、仏教各宗派は物質的な大打撃を受けたのです。

## 神道国教化政策の展開

一方で、神道国教化政策も徐々に展開していきます。まず、宮中祭祀の場として賢所《かしこどころ》・皇霊殿《こうれいでん》・神殿で構成される宮中三殿が建設されます。宮中三殿は、万世一系の皇統継承神話に基づいて天皇が国家を統治する祭政一致の理念を表現するものでした。

それと同時に、神道に基づく国民教化政策が開始されます。その政策は大教宣布《だいきょうせんぷ》と呼ばれました。大教宣布の方針は、その大綱である三条教則に示されています。

三条教則は、

第一条、敬神愛国の旨を体すべき事、

第二条、天理人道を明らかにすべき事、

第三条、皇上を奉戴《ほうたい》し朝旨《ちょうし》を遵守せしむべき事、

の三ヵ条で構成されており、天皇と神社に対する崇拝を基軸とする明治国家体制の構築を明示するものでした。

この大教宣布のために、明治二年七月八日に宣教使《せんきょうし》という機関が神祇官に設置されま

す。その後に組織の改変がありまして、同四年八月八日に神祇官が神祇省に格下げされ、さらに同五年三月十四日に神祇省は教部省という役所に改組されます。大教宣布は、宣教使を引き継いだ教部省の教導職《きょうどうしょく》によって担われることになりました。

教導職には、全国の僧侶と神職が任じられました。神道に基づく教化を進めるための役職に僧侶が任じられたことは不自然な話なのですが、それには国内で浸透し始めたキリスト教に対抗するためという理由がありました。

明治維新によって日本は開国し、西洋諸国と外交関係が形成されますが、キリスト教に関しては江戸幕府の禁教という方針が引き継がれました。その結果、新政府は西洋諸国から猛烈な抗議を受けることになり、キリスト教を黙認せざるを得なくなります。

キリスト教と神道国教化政策との矛盾は、明治四年十二月に太政官《だじょうかん》（現在の内閣に当たる）左院から出された建議の中で端的に語られています。左院建議では、教部省を設置する理由について、共和政治の学問を議論し、国体（万世一系の天皇が統治する国家のあり方）を蔑視《べっし》し、キリスト教の教えを主張して民衆を扇動する人々が存在するからだと述べられているのです。

国体を否定する動きを誘発するキリスト教の浸透を防いで、神道中心の国民教化を推進することが新政府の立場でしたが、民衆教化に不慣れな神職だけでは教化の担い手として不十分でした。仏教各宗派はそのような状況を捉えて、キリスト教に対抗するには説教に長《た》けている僧侶も大教宣布活動に関わるべきだという主張を行ったのです。新政府がその主張を認めたために、教導職に僧侶と神職の両方が任じられることになりました。

しかし、僧侶が三条教則を体得して国民教化を行うのは非常に困難でした。三条教則の第一条に「敬神愛国」という文言があることを先述しましたが、これを仏教の教理で解釈するのは不可能です。よって、仏教各宗から大教院という機関を設け、神仏合同で大教宣布や三条教則の研究などを行うべきとの建議が起こることになります。

次に、以上のような国家の政策に対応して、臨済宗と相国寺派がどのような動きを見せたかを検討します。

## 2　明治初期における臨済宗・相国寺派の動向

### 上知令

明治初期における仏教各宗派の動向を考えるうえで、まず念頭に置かなければならないのは社寺の領地を没収した上知《じょうち》令です。その上知令の前提となったのが、明治二年（一八六九）六月十七日に実施された版籍奉還でした。藩の組織自体は明治四年の廃藩置県まで残りますが、版籍奉還で各藩が天皇に領地・領民を返上したことにより、藩政に対する政府の管理が格段に強まりました。それに伴って、社寺の領地も天皇に返上すべきとする議論が起きて、明治四年一月五日に上知令が発せられることになったのです。

上知令の条文は以下の通りです。

社寺領については、現在の境内地以外は一律に没収とし、追って年貢に替わる禄制《ろくせい》を定めて、それに相当する廩米《くらまい》を支給する。

第二部で述べたように、江戸時代に相国寺は千七百六十二石余りの寺領を所有していましたが、上知令ですべて没収されます。それに替わって廩米が新政府から支給されますが、十年で打ち切りになりました。相国寺は、そのような状況を打開するために、明治五年十一月二日に次の文書を京都府に提出しています。

上知令によって没収された土地のうち、境外地にある藪地と荒蕪地《こうぶち》について、従来から本山や塔頭が所有してきた経緯を踏まえて、どれほどでも規定の代金を支払うので払い下げていただきたい。（中略）右の場所は、天明の大火で類焼した伽藍《がらん》の跡地であって、荒地になっていたのを一山中で竹木を植え付けて今のような繁茂の状態にしたのであるから、（中略）格別のご配慮を以て一山中へ払い下げていただければ有り難く思う。

表 8　境内地上知の内訳

| №. | 地目 | 坪　数 | 状　　況 |
| --- | --- | --- | --- |
| 1 | 境内 | 22,021 坪 1 分 7 厘 | 当寺ならびに塔頭現在境内 |
| 2 | 畑 | 1,295 坪 4 分 | 本寺ならびに境内持地 |
| 3 | 藪地 | 32,741 坪 1 分 9 厘 | 上地、御払い下げ渡し出願中 |
| 4 | 檜木 | 130 坪 3 分 5 厘 | 上地、右植え付け記載帳簿あり |
| 5 | 荒蕪 | 3,569 坪 5 分 4 厘 | 上地 |
| 6 | 荒蕪 | 4,221 坪 9 分 | 上地、文久 2 年薩摩藩へ貸し渡し、明治 5 年返却 |
| 7 | 荒蕪 | 2,765 坪 | 薩摩藩へ貸し渡しの土地 |
| 8 | 藪地 | 120 坪 | 寛文年中、当寺境内に武家屋敷設立につき、替地仰せ付け候地所 |
| 坪数合計 | | 66,864 坪 5 分 5 厘 | |

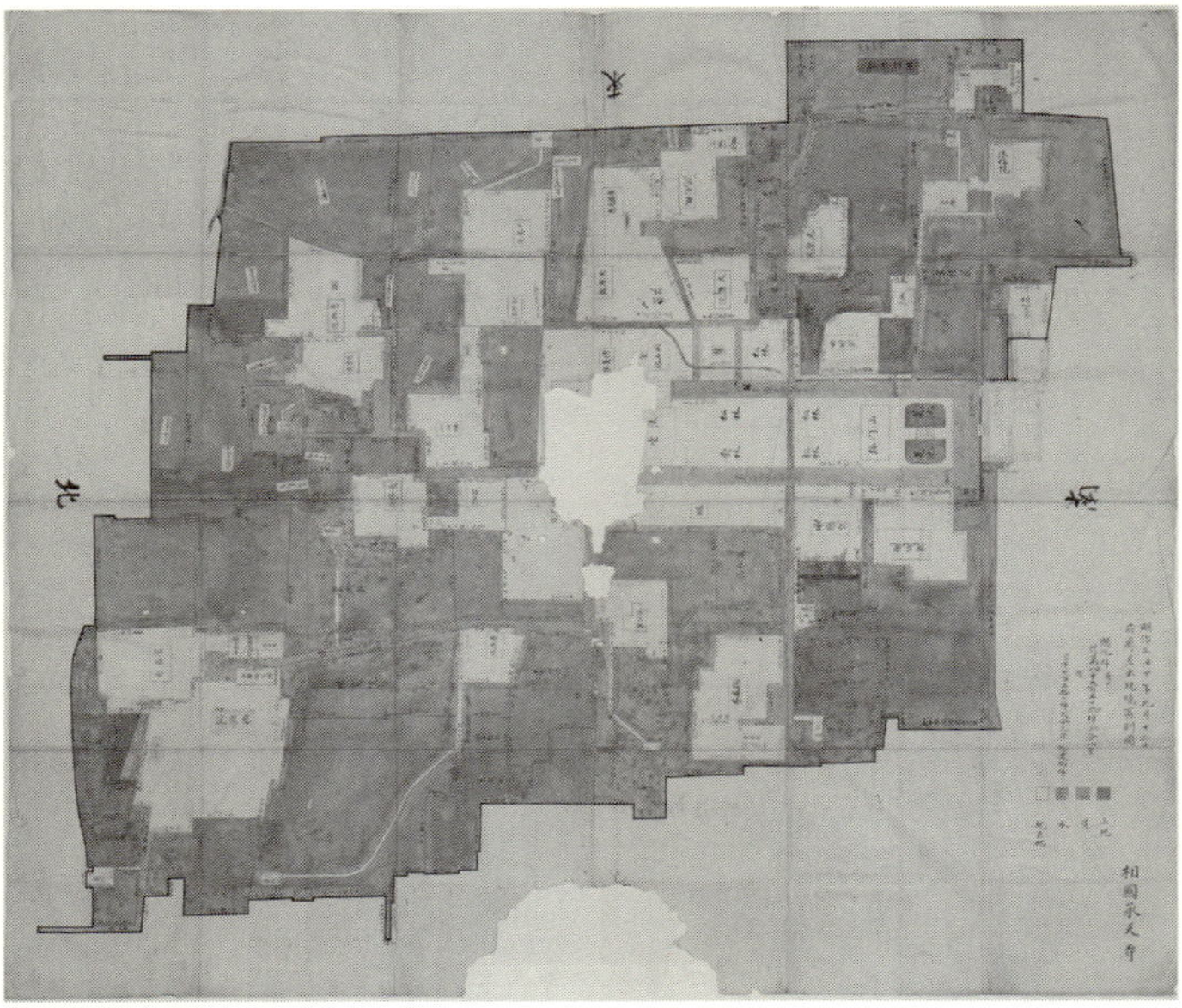

写真 27　相国寺境内図

この文書とともに、上知された境内地の一覧表が京都府に提出されています。それをまとめたのが表8です。

No.1が境内地で二万二千二十一坪余り、No.2が畑で千二百九十五坪余りが存在します。No.3の藪地が三万二千七百四十一坪余りで、「上地、御払い下げ渡し出願中」とあることから、先に掲げた文書で払い下げの対象になっていた上知された土地に当たります。No.4からNo.6までの土地も同様です。この段階で境内地は六万六千八百六十四坪余りでしたが、そのうちの約六十パーセントに当たる四万六百六十二坪余りが国家によって没収されたのです。写真27は上知令に伴い相国寺が京都府に提出した境内の図面ですが、灰色で塗りつぶされた部分が上知された土地です。

以上のように、寺領と境内地の半分以上が上知されたのであり、相国寺の経営基盤は大きく傷ついたことが分かります。

**教導職管長の設置**

次に、教導職制度の展開を検討したいと思います。制度の開始に伴い、明治五年（一八七二）四月二十五日に大教正《だいきょうせい》を最高位とする十四等級の役職が設けられ、六月九日には各宗派の長が教導職管長という役職に任じられました。この段階で仏教諸宗は天台宗・真

写真 28　荻野独園

言宗・浄土宗・禅宗・浄土真宗・日蓮宗・時宗の七宗に統合され、近代的な「宗派」が成立することになります。教導職管長に求められた役割は、布教伝道の人材養育や末派寺院の取り締まりなどでした。臨済宗は曹洞宗・黄檗宗とともに禅宗という一つの宗派にまとめられ、相国寺住持荻野《おぎの》独《どく》園《おん》（写真28）が教導職管長に任じられています。

明治五年段階の七宗は、大教宣布を効率よく進めるために国家権力によって合併を強制されたものであり、そのような権力による宗派の統合は早々に破綻します。明治七年二月二十二日には臨済宗一宗独立許可が出て、禅宗は臨済宗・曹洞宗に分かれます（黄檗宗は明治九年二月四日に臨済宗から独立許可）。さらに、明治九年九月十一日に天龍寺派・相国寺派・建仁寺派・南禅寺派・妙心寺派・建長寺派・東福寺派・大徳寺派・円覚寺派の九派に臨済宗は分裂することになります。

**独立本山・尼門跡寺院の所轄化**

明治九年の段階で臨済宗には右の九派が成立しますが、その一方で独立していた寺院は、同五年九月十八日の太政官布達第二百七十四号で「諸宗のうち、別派独立本山および無本寺などは、それぞれが希望する宗内の総本山に所轄されることを命じる」と通達されたことにより、九派の本山に所轄願を出してその末寺に加わることになります。

明治五年十月二十三日に、京都府下の大聖寺・宝鏡寺・総持院・宝慈院・興聖寺・霊源寺・無礙光庵が相国寺の所轄となります。このうち興聖寺・霊源寺は末寺を抱えた本山格の寺院であり、太政官布達第二百七十四号で定義されている独立本山に当たります。大聖寺・宝鏡寺・総持院・宝慈院は無本寺の尼門跡寺院でした。

また、臨済宗内の地方有力寺院であった永源寺・方広寺・仏通寺・向嶽寺・国泰寺も、京都の臨済宗本山に所轄されています。永源寺は東福寺、方広寺は南禅寺、仏通寺は天龍寺、向嶽寺は南禅寺、国泰寺は相国寺の末寺になりました。

国泰寺が、末寺十九ヵ寺とともに相国寺に「所轄御願口上」（写真29）を提出したのは明治六年四月でした。国泰寺の相国寺による所轄化には、荻野に

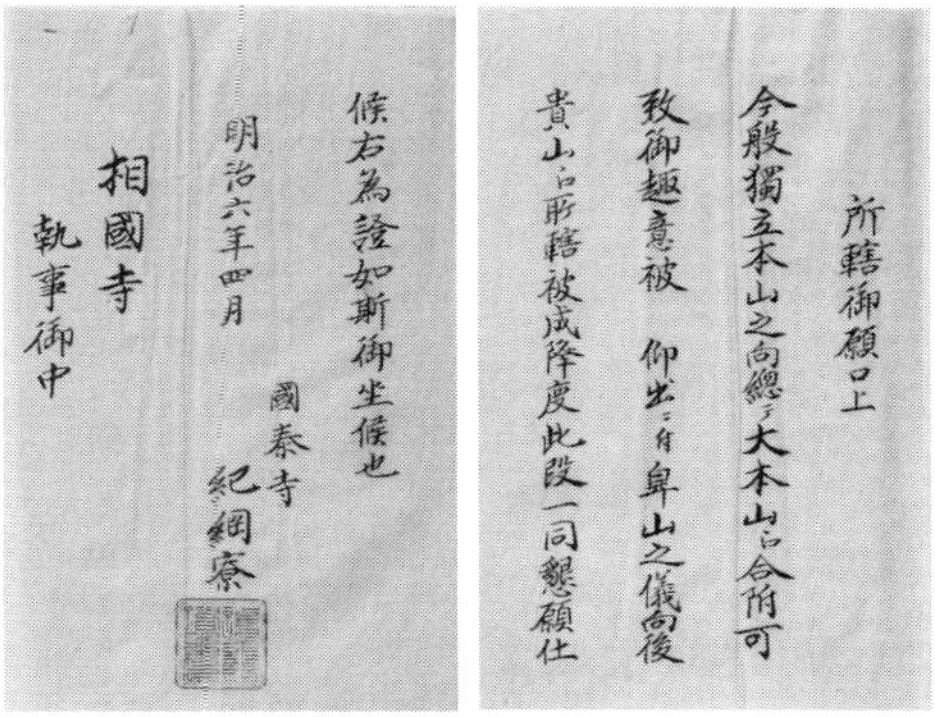
所轄御願口上
今般獨立本山之向總テ大本山江合併可
致御趣意被　仰出ニ付卑山之儀向後
貴山江所轄被成降度此段一同懇願仕
候右為證如斯御坐候也
明治六年四月　國泰寺　紀綱寮
相國寺
執事御中

写真 29　所轄御願口上

よる教化が大きな影響を及ぼしました。

## 荻野独園の派出

大教院は、国民教化を推進するために、明治六年に神道・仏教各宗派の有力教導職に教化活動区域を割り当て、全国に派出させています。大教正の地位にあった荻野も、北陸へ派出して教化活動を行いました。国泰寺の末寺である仏心寺から相国寺塔頭善応院に出された書状の追伸部分に、そのときの記録が残されています。

大教正がいらっしゃった時には、田舎者のことであるので、僧俗男女を問わず全ての人が釈迦《しやか》の再来かと思い、弥勒菩薩《みろくぼさつ》が世に現れた気持ちとなり、法要中の天気がよかったのも独園禅師のおかげであると敬《うやま》い申し上げた。独園禅師の仰《おつしや》ることであれば、どんなことでも仏の教えのように心得ていたところ、相国寺へ所轄願を出さなければ、今後は当本山への教部省の対応が難しくなると仰ったように伝え聞いた。

その折りには独園禅師を釈迦の再来のように思っていたこともあり、法要が終わって独園禅師がすぐに出発されると役僧から申し渡しもあったので、思慮することのないまま尊命に従って所轄願の連判書を提出してしまった。何とかもう一度ご考慮をいただいて、国泰寺を従来の通り独立本山にしていただきたい。

国泰寺の僧侶や檀信徒に大きな影響を与えた荻野の教化は、国泰寺の相国寺への所轄化につながりました。しかし、右の史料で述べられているように、国泰寺には独立本山として存続したかったという思いが強く、そのことが後年の相国寺と国泰寺との関係に影を落とすことになります。

**輪番住持制の廃止**

神道国教化政策に伴う仏教教団統制策の一環として、教部省は明治七年五月二十日に次のような通達を行いました。

諸宗寺院中の輪番住持は廃止することになったので、今後は専任住持を配置するように。この旨を僧侶へ布達すべきこと。

輪番住持制を廃止する右の通達を受けて、相国寺山内に普告が出されます。

輪番住持の弊害とは何であろうか。住持が名ばかりで実権がなく、物事を決めることができないからだ。（中略）すべてのことに対して住持が独裁の権力を持たなければならない。これが専任住持を置き、輪番を廃止する理由である。

この普告以降、豊光寺・大光明寺などの輪番の対象となっていた塔頭に専任の住持が置

表9　明治17年「本山塔頭明細帳」記載の塔頭

| No. | 寺名 | 住職（「　」内は無住の理由） |
| --- | --- | --- |
| 1 | 冷香軒 | 兼務相国寺荻野独園 |
| 2 | 豊光寺 | 兼務荻野独園 |
| 3 | 慈雲庵 | 肥田周猷 |
| 4 | 長得院 | 藤邑文瑄 |
| 5 | 巣松軒 | 粂田義達 |
| 6 | 万松軒 | 「三世梅雲和尚寂後巣松軒へ合併ス、寺名而已存ス」 |
| 7 | 瑞春庵 | 高田宗默 |
| 8 | 雲頂院 | 「瑞春庵亀泉集証方江合併、爾来院号而已存在ス」 |
| 9 | 玉龍庵 | 兼務丹波国光照寺住職大江宗秀 |
| 10 | 林光院 | 兼務肥田周猷 |
| 11 | 大通院 | 兼務荻野独園 |
| 12 | 光源院 | 兼務鹿苑寺伊藤貫宗 |
| 13 | 慶玉軒 | 兼務肥田周猷 |
| 14 | 法住院 | 「明治七年願ニ依テ院宇取畳、慶玉軒へ合併、寺名而已存ス」 |
| 15 | 善応院 | 兼務荻野独園 |
| 16 | 養源院 | 奥浣谿 |
| 17 | 桂芳軒 | 「明治十二年九月十一日依願取畳シ養源院得合併ス、寺号ノミ存ス」 |
| 18 | 慈照院 | 牧野宜孝 |
| 19 | 富春軒 | 兼務牧野宜孝 |
| 20 | 普広院 | 荻野拙叟 |

かれました。表9は明治十七年段階の山内塔頭住持一覧です。多くが兼務ではありますが専任住持が配置されていることから、普告の趣旨が貫徹されていたことが分かります。

輪番住持制廃止の意味するところは、本山住持である教導職管長への集権化です。中心的な塔頭をそれ以外の塔頭が支えるという江戸時代的な門派のあり方を完全に否定し、国家管理の下で教導職管長が各塔頭を直接掌握することが目指されたのです。また、表9には二十ヵ寺の塔頭しか書き上げられておらず、№6万松軒・№8雲頂院・№14法住院・№17桂芳軒は寺名のみの存在になっています。上知令と後述する地租改正の影響が本山の財政を直撃し、塔頭の維持が困難な状況になっていたのです。

## 3　神道国教化政策の破綻と国家神道体制の形成

### 神道と仏教との矛盾

再び国家の宗教政策に目を転じたいと思います。先述したように、教導職養成機関としての大教院の設置が仏教側によって発案されますが、実現の過程で神道側が介入し、旧神祇官にあった八神殿《はっしんでん》という神殿が大教院内に移設されることになります。大教院は、最初は東京金地院に置かれ、旧紀伊徳川邸跡を経て、明治六年二月六日に増上寺に移っていますが、その増上寺の境内に八神殿が存在するという異様な状況になりました。

「神職組織物語」という史料に、増上寺八神殿の落成式についての記述があります。

神官および七宗の僧侶も、おのおのが礼服を着て祭庭に座った。（中略）神饌奉撤《しんせんほうさつ》（神に捧げた供物《くもつ》を飲食すること）には、官国弊社《かんこくへいしゃ》の宮司以下、大洲《おおず》鉄然《てつねん》らを始めとする七宗僧侶の中にも直垂《ひたたれ》を着てこれに与《あず》かったものがいた。

浄土真宗の有力な僧侶であった大洲鉄然をはじめ、仏教七宗の僧侶も神職の装束である直垂を着用して供物を飲食したとあり、大教院が神主仏従の機関になったことがうかがえます。そのことに仏教側は強烈な違和感を抱きました。

また、現実の説教の場では、三条教則を踏まえていれば、僧侶は宗義を交えて教化することが認められていました。しかし、先に指摘した通り「敬神愛国」のような神道の概念を仏教の教義で説くことは根本的に無理な話なのであり、さまざまな矛盾が発生したのです。

## 島地黙雷と教部省・大教院の廃止

右に述べた矛盾に対して、仏教側からもっとも厳しい批判を発したのは西本願寺の僧侶であった島地黙雷《しまじもくらい》です。島地は、周防国（現在の山口県）の出身で、木戸孝允《きどたかよし》・伊藤博文《いとうひろぶみ》ら新政府長州閥の要人と懇意な関係にあったことから、岩倉使節団に参加して信教自由・政教分離原則が徹底した欧米の政治と宗教のあり方をつぶさに観察する機会を得ました。その成果として「三条教則批判建白書」をまとめて神道国教化政策を批判したのです。次の史料はその一節です。

政治と宗教は性質の異なるものであり、混同してはならないことは言うまでもない。政治は人間社会のできごとであり、形を支配するのみである。そして一国しか範囲としない。宗教は神の行いであり、心を支配する。そして万国に通じているのである。宗教は人の性質を善良にし、政治は人に努力をさせる。宗教と政治の緊張関係が適切であり、緩急がうまくいけば、「政教が寄り合い、華やかさと質朴さが兼ね備わっている」というべきである。そうして国は国として成り立ち、人は人たり得るのである。

島地に率いられた浄土真宗は大教院からの分離を目指して運動を始めます。その結果、明治八年五月に大教院は廃止されます。さらに明治十年一月に教部省が廃止となり、事務は内務省社寺局に移管されます。政治と宗教を直接に結びつけて神道を国教化しようという新政府の意図は挫折することになったのです。

### 国家神道体制の成立

以上のような経緯で神道国教化政策は破綻しますが、新政府にとって「万世一系の天皇が神道に基づいて国家を統治する」という基本方針は自らの存立にかかわることであり、撤回するわけにはいきませんでした。よって、信教自由・政教分離原則に反しない形で事実上神道を国教化するという政策が進展していくことになります。

明治十五年（一八八二）一月に、神職が教導職を兼務することを廃止します。その理由を述べたのが次の史料です。

元来神官は司祭の職分であり、社殿で神を祀《まつ》り、祭式・公務を行う官職である。教導職は宗教者に付与する職名であるので、もとよりその性質は神官と相違している。混同してはならない。（明治十四年十二月二十二日内務省伺）

この史料は、詰まるところ、神職が神事を行うことは祭祀であるから宗教ではないが、宗教家である教導職が実施する活動は宗教であるということを論じています。神社における祭祀に宗教性が付随しないはずがないのですが、あえて国家の側がそのような定義することで神社の宗教性を否定したのです。このように、建前の上で神社を非宗教化することによって、宗教を超越した宗教として神道を位置づけて事実上の国教としたのです。この方針に基づく国家運営のあり方を国家神道体制と称します。

**宗派自治の形成**

さらに、次に示す明治十七年八月の太政官布達第十九号で教導職が廃止されます。

今後神仏教導職を廃止し、寺院住職の任免と教師等級の進退はすべて管長に委任し、さらに左の条件を定める。

第一条　各宗派はみだりに分裂や合併を主張したり、あるいは宗派の間で争論を起こしてはならない。
第二条　管長は、教派神道各派に一人、仏教各宗派に一人を置かなければならない。
第三条　管長を決定するための規定は、神仏各派が教規・宗制によって定義し、内務卿の許可を得なければならない。
第四条　管長は、それぞれの宗派における立教開宗の主義によって左の条規を定めて内務卿の許可を得なければならない。（後略）

冒頭で、寺院住職と教師の人事について管長に委任することが定められました。この場合の教師とは、布教に携わるための僧侶の資格を意味します。第三条で管長の選出が各宗派の自主性に委ねられることになり、第四条で管長が宗派運営に関係する「左の条規」を作成することが規定されました。後略した部分で「左の条規」として宗制、寺法などの五項目が列挙されています。

太政官布達第十九号によって、教導職制度に基づき国家が直接に僧侶・神職を把握することが断念され、内務省の管理の下で各宗派の自治が成立することになったのです。

表10　明治17年「相国寺派宗制寺法」の内容

| | | |
|---|---|---|
| 宗　制 | | |
| 第１条 | 宗教綱領 | 第１節～第５節 |
| 第２条 | 管長選定 | 第１節～第２節 |
| 第３条 | 宗務院設置 | 第１節～第２節 |
| 第４条 | 布教方法 | 第１節～第３節 |
| 第５条 | 僧規 | 第１節～第６節 |
| 寺　法 | | |
| 第１条 | 寺格及本末寺ノ関係 | 第１節～第４節 |
| 第２条 | 住持職制 | 第１節～第６節 |
| 第３条 | 寺院廃立 | 第１節～第２節 |
| 僧侶教師分限称号 | | 第１条～第２条 |
| 住職任免教師進退 | | 第１条～第５条 |
| 古文書宝物什器等保存法 | | 第１条～第４条 |
| 懲罰条令 | 擯斥 | 第１条～第８条 |
| | 懲誡 | 第１条～第11条 |
| 懲罰例細則 | 擯斥 | 第１条～第８条 |
| | 懲誡 | 第１条～第10条 |
| 托鉢懲誡例 | | 第１条～第５条 |

## 「相国寺派宗制寺法」

太政官布達第十九号を受けた「相国寺派宗制寺法」の内容を検討しておきたいと思います。

表10は、「相国寺派宗制寺法」の目次を示したものです。この宗制寺法は、条と節の関係が一般的な規則の書式とは逆転しています。宗制が第一条から第五条まで、寺法が第一条から第三条まで定められており、僧侶教師分限称号・住職任免教師進退・古文書宝物什器《じゅうき》等保存法・懲罰条令・懲罰例細則・托鉢《たくはつ》懲誡例と続きます。

全八十三条の簡略な規定ではありますが、注目すべき条文を含んでいます。それは第二条の管長選定の条文です。

道徳と学問を兼備し、修学と修行に兼通し、年齢は五十歳以上で、日頃の行いがしっかりしている者でなければ選任してはならない。

但し、所轄本寺ならびに直末寺以上の投票多数をもって選定するものとする。

但書で投票による管長の選任が謳《うた》われており、これによって相国寺派における近代的な教団自治が始まったと評価することができるでしょう。しかし、所轄本寺ならびに直末寺以上の投票多数をもって決定するとされていることには注意が必要です。所轄本寺は、先述した明治五年（一八七二）に相国寺の所轄となった国泰寺などを指します。所轄本寺と直末寺以上にしか投票権がないわけですから、所轄本寺の末寺はこの規定の対象外とされていたのです。

## 大日本帝国憲法と教育勅語

明治二十二年（一八八九）に公布された大日本帝国憲法と、同二十三年に発せられた教育勅語によって、国家神道体制の形が固まります。

大日本帝国憲法第二十八条では、

日本臣民《しんみん》は安寧秩序を妨げず、および臣民としての義務に背かない限りにおいて信教の自由を有する、

と定められています。大日本帝国憲法においても信教自由は認められていたのですが、それは、臣民（天皇制国家の国民）に課せられた義務に背かない範囲という限定がついてい

ました。臣民の義務の中には神社に参拝することも含まれていますので、実質的には信教自由は認められていないことになります。信教自由規定は、近代憲法においては必須の条文ですので、先述したように形式的に神社を非宗教化する必要が生じたのです。

明治二十三年には、明治天皇より教育勅語が下されます。教育勅語の文章は次のようなものです。

朕惟《ちんおも》ふに、我が皇祖皇宗《こうそこうそう》国を肇《はじ》むること宏遠《こうえん》に、徳を樹《た》つること深厚なり。我が臣民克《よ》く忠に克く孝に、億兆《おくちょう》心《こころ》を一《いつ》にして世世その美を済《な》せるは、これ我が国体の精華にして、教育の淵源《えんげん》また実にここに存す。

これを現代語訳すれば、「私（明治天皇）が思うに、皇室の祖先が国家を創業して以来、深い徳を及ぼし、臣民が心を一つにして天皇に対して忠孝を尽くしてきたことが、我が国の国体の真髄であり、教育の根源である」ということになります。

教育勅語は宗教に関して言及していませんが、学校教育や道徳の絶対的な指標となり、国家神道の内実を表現するものとなりました。

## 4　まとめ

## 「寺社」から「社寺」への転換

本講の内容をまとめます。

新政府が実施した神仏分離令と、それに伴う廃仏毀釈《はいぶつきしゃく》によって、江戸時代に国教として存在した仏教は大きな打撃を受けました。明治初年を境にして、寺院と神社を呼ぶ呼称が「寺社」から「社寺」へと転換したことは、仏教の社会における地位の低下を端的に物語っているといえます。また、社寺の領地を没収する上知令は仏教教団の経済的基盤を破壊しました。相国寺派では、千七百石余りの寺領と境内地の半分以上が国家によって没収されたのです。末寺が少ない相国寺にとっては経営の危機でしたが、教導職制度において大きな役割を果たした荻野独園の努力によって、独立本山であった国泰寺などが所轄化され、教線は拡大することになります。

## 準備されていた本山の近代化

明治七年の教部省通達によって輪番住持制は廃止されました。新政府は仏教教団統制を円滑に進めるために教導職管長へ権限を集中させることを意図していたのですが、第二部で論じたように、江戸時代後期の段階で相国寺の門派は輪番住持制を維持する力を失っていました。本山の近代化は江戸時代後期に準備されていたといえます。

神仏分離令・廃仏毀釈に代表される新政府の諸政策が仏教教団に大きな変革をもたらしたことは事実ですが、それによって江戸時代における蓄積が全否定されたわけではないことは注意する必要があると考えます。

## 国家神道体制下での自治

新政府の推進した神道国教化政策は、浄土真宗の島地黙雷らの活動により破綻に追い込まれます。しかし、絶対的な神権性を持つ万世一系の天皇が国家を統治するという基本方針を堅持したい新政府は、神社での神事は祭祀であって宗教ではないという詭弁《きべん》ともいえる理屈を創り出し、神社を非宗教化して神道を事実上の国教にする国家神道体制を成立させました。島薗進《しまぞのすすむ》が論じるように、国家統治のイデオロギーとしての国家神道と、個人の救済を担う各宗教の二重構造の中で明治の国家と宗教の関係は展開していくことになります（『国家神道と日本人』）。そのような体制下で、仏教各宗派は自治権を与えられたのです。

相国寺派においても、明治十七年（一八八四）に初めて宗制寺法が定められます。それは極めて簡略なものであり、明治中期以降に複雑化する宗派運営に対応できるものではありませんでした。また、国泰寺のような独立本山を所轄化したことで、相国寺派は様々な矛盾を抱え込むことになりました。明治二十年代以降に宗派内の矛盾は激化することになりますが、その問題については次講で詳しく論じたいと思います。

# 第二講　宗派財政の窮乏と「臨済宗相国寺派紀綱」の編纂

## 1　相国寺派財政の悪化

### 諸刃の剣である自治

前講で述べたように、明治十七年（一八八四）太政官《だじょうかん》布達第十九号によって、宗派の運営は選挙された管長に委任されることになりました。明治二十年代以降、内務省の統制下という制約はありますが、宗派の自治が展開していきます。

国家から自治権を与えられることは、宗派にとって諸刃《もろは》の剣でした。そのことは太政官布達第十九号の第一条が暗示しています。すなわち、「各宗派はみだりに分裂や合併を主張したり、あるいは宗派の間で争論を起こしてはならない」と規定されていたのです。

宗制寺法を根拠とする宗議会が各宗派において組織された結果として、様々な意見が噴出するようになりました。明治二十年代には、曹洞宗内部で起きた永平寺と総持寺の争いに代表されるような宗派内での紛争が多発するようになります。

本講では、経営基盤を破壊された相国寺派が、自治をめぐる宗派内部の混乱に直面しながら、どのように悩み苦しみ、自らの進む道を模索《もさく》したのかを考えてみたいと思います。

## 宗務本院予算の膨張

まず、明治十七年以降における相国寺派の財務状況について考察したいと思います。**表11**は、明治十八年の相国寺派宗務本院の支出、**表12**は、明治二十八年後期から同二十九年前期までの相国寺派宗務本院の支出を示したものです。**表11**の合計は百九十七円、**表12**の合計は二百七十三円五十八銭です。両者を比較すると、十年ほどの間に宗務本院の支出が約三十九パーセント増大したことが指摘できます。また、**表12**から明らかなように、予算科目も十九科目にまで増えています。表で数字を示すことは省略しましたが、明治二十八年後期から同二十九年前期までの収入金額は二百円七十銭であり、七十三円余りの赤字を出していることが分かります。

宗務本院の経常経費は、明治二十年代に大きく膨張しました。宗派の自治が認められたことにより、処理しなければならない事務量が増えたためと考えられます。宗務本院経費の増加は、末寺に課せられる負担の増大に結びつき、宗費の滞納が相次ぎました。明治三

表11　明治18年相国寺派宗務本院1ヵ年費用額

| 科　目 | 金額 |
|---|---|
| 宗務院費<br>内訳　管長賄1ヵ年分、相国寺と折半(60円)<br>執事2員給料・飯費(72円)<br>紙筆墨・郵便税その他(36円) | 168円 |
| 宗内合議所費1ヵ年分 | 12円 |
| 各宗合議所費1ヵ年分 | 5円 |
| 東京出張所費1ヵ年分 | 12円 |
| 合計 | 197円 |

表12　明治28年後期・29年前期
相国寺派宗務本院1ヵ年費用額

| No. | 科　目 | 金　額 |
|---|---|---|
| 1 | 管長衣資 | 60円 |
| 2 | 執事長衣資 | 9円 |
| 3 | 副執事衣資 | 6円 |
| 4 | 書記衣資 | 6円 |
| 5 | 学林係衣資 | 6円 |
| 6 | 東京出張執事衣資 | 12円 |
| 7 | 各山合議所謝 | 6円 |
| 8 | 前版寮衣資 | 10円 |
| 9 | 般若林講掛金2回 | 8円 |
| 10 | 般若林へ特別資助 | 17円 |
| 11 | 管長ならびに執事派出費 | 35円 |
| 12 | 管長開堂費の内へ | 50円 |
| 13 | 二世国師毎歳忌の内へ | 5円86銭 |
| 14 | 臨時費 | 25円80銭 |
| 15 | 明教禅宗新総代 | 3円36銭 |
| 16 | 郵税 | 5円81銭 |
| 17 | 筆墨紙費 | 5円50銭 |
| 18 | 樟脳1斤 | 75銭 |
| 19 | 托鉢鑑札新調 | 1円50銭 |
| | 合計 | 273円58銭 |

十四年には宗費で二百三円五十七銭九厘、学林費で百二十円三十銭、合わせて三百二十三円八十七銭九厘の決算不足金を出しています。

**寺宝の売却**

宗務本院の経常経費ですら賄うことができない状況では、広大な本山の伽藍《がらん》を護持することは極めて困難になります。伽藍護持のための収入に見込みが立たず、寺宝を切り売りするしかない事態に追い込まれたのです。

明治二十一年（一八八八）十二月四日に伊藤若冲《いとうじゃくちゅう》「動植綵絵《どうしょくさいえ》」三十幅が宮内省に献上され、一万円が下賜《かし》されています。「動植綵絵」は様々な動植物が極彩色で描かれている掛軸であり、相国寺で毎年六月に営まれる観音懺法《かんのんせんぽう》という法要を荘厳《しょうごん》する最重要の寺宝なのですが、これを宮内省に売却してしまうのです。

さらに、明治三十八年（一九〇五）五月には、塔頭の慈照院に所蔵されていた「蔭涼《いんりょう》軒日録《けんにちろく》」と「鹿苑日録《ろくおんにちろく》」が、千円の寄附金と引き替えに東京帝国大学に献納されました。

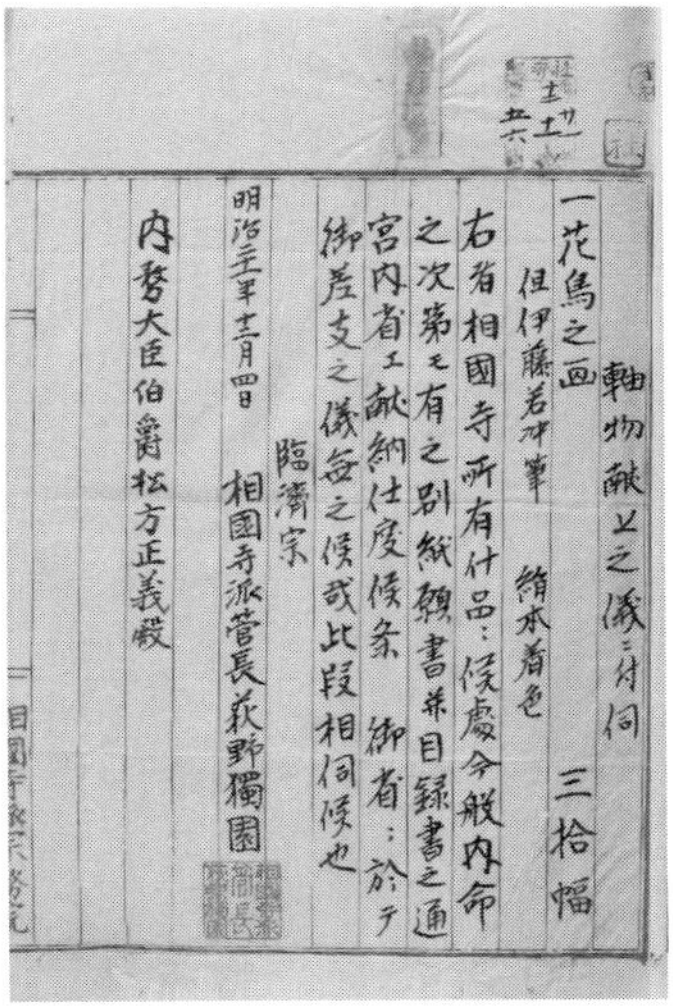
軸物献上之儀ニ付伺
一花鳥之画　三拾幅
但伊藤若冲筆　絹本着色
右者相国寺所有什品ニ候處今般内命之次第モ有之別紙願書并目録書之通宮内省エ献納仕度候条　御省ニ於テ御差支之儀無之候哉此段相伺候也
臨済宗
明治二十一年十二月四日　相国寺派管長荻野獨園
内務大臣伯爵松方正義殿

写真30　軸物献上之儀ニ付伺

「蔭涼軒日録」と「鹿苑日録」は、室町戦国時代の相国寺や臨済宗の歴史を考察するうえで必要不可欠の史料なのですが、関東大震災で焼失しており原本は残っておりません。「動植綵絵」や「蔭涼軒日録」・「鹿苑日録」以外にも、この時期に数多くの寺宝が寺外に流出したものと考えられます。

## 社寺に対する国家の施策

社寺の経営状況の悪化があまりにも甚だしいので、明治三十年代に社寺財政を援助するための施策が政府によって実施されています。

施策の第一としては、明治三十年（一八九七）六月十日に公布された古社寺保存法を挙げることができます。その第一条では、

古社寺であってその建造物および宝物類を維持修理することができない者は、保存金の下付を内務大臣に出願することができる、

と規定されています。当時は文化財のほとんどを社寺が所蔵しており、社寺財政が窮乏するとともに文化財が次々に手放されて海外に流出していく状況が生まれていました。それを食いとめるために出願による保存金の下付を可能にしたのです。また、第四条には初めての指定文化財制度としての特別保護建造物と国宝の指定規定があります。

施策の第二としては、明治三十二年三月二十三日公布の国有林野法が挙げられます。国有林野法第三条では、上知された風致林野は区域を画して社寺の現境内に編入することができる、第四条では、社寺から上知された森林をその社寺に売却することは随意契約で行うことができると定められています。

相国寺は、国有林野法に基づき、明治三十四年九月十三日に境外藪地九町二反七畝二十

三歩・若竹六万九千二百三十九本の払い下げを願い出ます。境外藪地の九町余りは坪に直すと二万八千坪ほどです。この願いは十月二十九日に認可されます。

## 拝観の許認可制と鹿苑寺・慈照寺の拝観開始

明治三十一年七月七日に出された社寺拝観者からの料金徴収を認める内務省令第六号も国家による社寺支援策と位置づけることができます。内務省令第六号は全部で五ヵ条ありますが、特に重要な第一条・第二条を引用します。

第一条　神社・寺院・仏堂は、任意の賽銭《さいせん》以外は、参拝者に対してどのような名目でも料金を徴収してはならない。

第二条　神社・寺院・仏堂が殿堂・庭園・什宝などを観覧させるために料金を徴収するときには、地方長官（京都府においては府知事）の許可を得なければならない。

この二つの条文は、参拝という宗教行為については料金を徴収してはならないが、殿堂・庭園・什宝などを観覧する行為については料金を徴収しても構わないと規定しているのであり、先述した国家神道体制の論理と同様に、国家の側が宗教行為とは何であるかを定義づけた性格のものであったことに注意が必要です。

内務省令第六号に基づき、明治三十一年八月四日に鹿苑寺・慈照寺に対して京都府知事が拝観の許可を与えます。鹿苑寺の拝観料は、殿堂・庭園・什宝の観覧者は十銭、殿堂・庭園のみは五銭でした。大正九年（一九二〇）には前者が二十銭に値上げされています。

　このような形で鹿苑寺・慈照寺の拝観が始まりましたが、問題になるのはどの程度の拝観収入があったかという点です。慈照寺には、戦前の拝観に関わる日計簿（**写真31**）が残されており、拝観者数の推移を知ることができます。**表13**は、明治三十三年・大正九年・昭和十年（一九三五）の慈照寺拝観者数を示したものです。

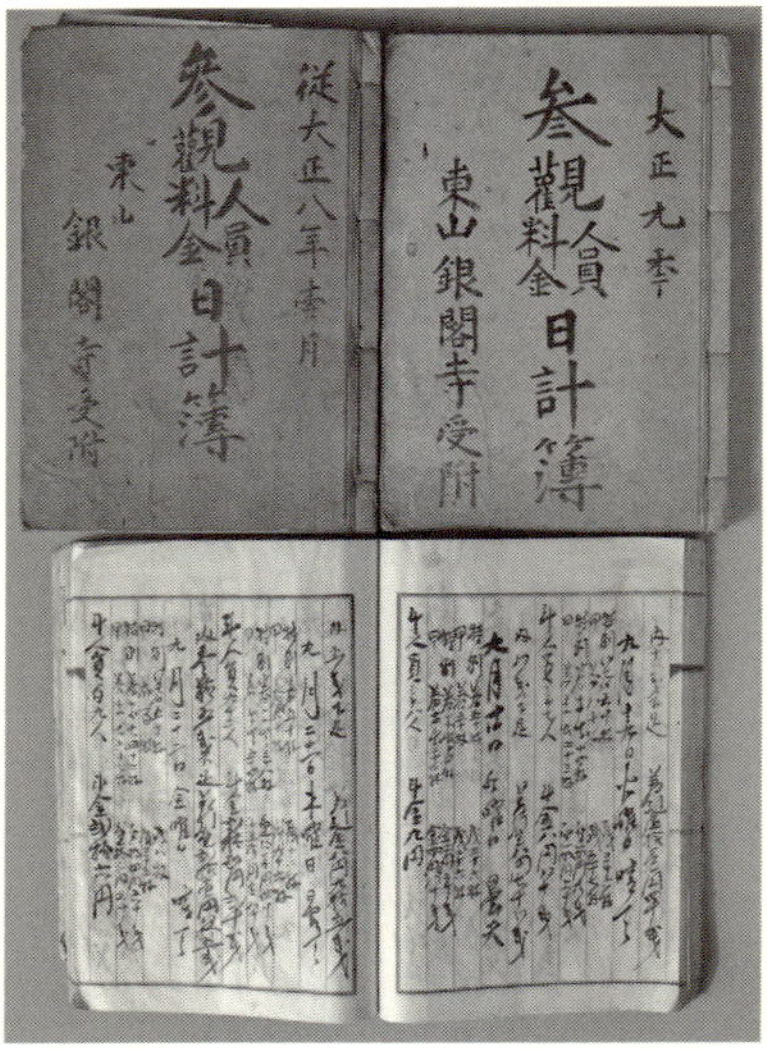

写真 31　慈照寺拝観日計簿

　**表13**で注目すべきは各年の合計です。明治三十三年には拝観者数は二万四百五十六人、拝観収入は千八百五十五円七十銭でした。大正九年には拝観者数は五万八千八百六十八人で約三倍に増えています。拝観収入も七千八百十九円三十六銭で約四倍になります。昭和十年には拝観者数が大正九年から約三倍の十八万五千六百五十一人、拝観収入は約四倍であ

る三万三千八百二十円八十銭に推移します。

明治三十三年の段階では、拝観者は一年を通じて約二万人ですので、一日あたりは百人未満です。よって、寺を護持できるだけの拝観収入はなかったと評価できます。慈照寺の拝観寺院としての自立は昭和期を待たなければならなかったのです。

表 13　戦前の慈照寺拝観者数

| 年　月 | | 拝観者数 | 拝観収入 |
|---|---|---|---|
| 明治33年（1900） | 1月 | 432 人 | 40 円 16 銭 |
| | 2月 | 894 人 | 85 円 89 銭 |
| | 3月 | 1,981 人 | 196 円 17 銭 |
| | 4月 | 4,946 人 | 450 円 68 銭 |
| | 5月 | 3,094 人 | 281 円 |
| | 6月 | 1,347 人 | 127 円 5 銭 |
| | 7月 | 1,149 人 | 105 円 45 銭 |
| | 8月 | 1,173 人 | 96 円 70 銭 |
| | 9月 | 1,275 人 | 117 円 86 銭 |
| | 10月 | 1,881 人 | 157 円 16 銭 |
| | 11月 | 1,691 人 | 145 円 43 銭 |
| | 12月 | 593 人 | 52 円 15 銭 |
| | 計 | 20,456 人 | 1,855 円 70 銭 |
| 大正９年（1920） | 1月 | 3,325 人 | 463 円 |
| | 2月 | 1,703 人 | 227 円 11 銭 |
| | 3月 | 7,238 人 | 758 円 53 銭 |
| | 4月 | 12,744 人 | 1,439 円 8 銭 |
| | 5月 | 9,178 人 | 913 円 73 銭 |
| | 6月 | 2,895 人 | 368 円 10 銭 |
| | 7月 | 2,105 人 | 290 円 24 銭 |
| | 8月 | 2,840 人 | 400 円 45 銭 |
| | 9月 | 3,428 人 | 464 円 15 銭 |
| | 10月 | 7,065 人 | 1,242 円 92 銭 |
| | 11月 | 4,947 人 | 954 円 15 銭 |
| | 12月 | 1,392 人 | 297 円 90 銭 |
| | 計 | 58,860 人 | 7,819 円 36 銭 |
| 昭和10年（1935） | 1月 | 13,126 人 | 2,491 円 78 銭 |
| | 2月 | 15,546 人 | 2,362 円 78 銭 |
| | 3月 | 22,170 人 | 4,018 円 5 銭 |
| | 4月 | 36,032 人 | 6,968 円 64 銭 |
| | 5月 | 26,037 人 | 4,322 円 40 銭 |
| | 6月 | 17,344 人 | 2,638 円 79 銭 |
| | 7月 | 5,911 人 | 1,393 円 39 銭 |
| | 8月 | 7,400 人 | 1,583 円 89 銭 |
| | 9月 | 8,214 人 | 1,494 円 53 銭 |
| | 10月 | 15,956 人 | 3,061 円 3 銭 |
| | 11月 | 14,312 人 | 2,675 円 93 銭 |
| | 12月 | 3,603 人 | 809 円 59 銭 |
| | 計 | 185,651 人 | 33,820 円 80 銭 |

以上の財政的な問題が、相国寺派全体の運営にいかなる影響を与えたかについて次に考察します。

## 2　国泰寺派の独立

### 法燈派総本山としての国泰寺

前講で、国泰寺は荻野独園による富山での布教を契機として所轄願を相国寺に提出したものの、独立本山への復帰を願っていたことを述べました。そのような国泰寺の独立志向は、明治二十年（一八八七）一月二十一日に国泰寺から相国寺派管長に差し出された「誓約書につき歎願」にも表れています。

先だって宗制寺法が改正となり、各寺住職より本派管長へ誓約書を提出することになったのは、宗盟を重んじ、道愛を厚くする趣旨と考え、謹《つつし》んで承っている。拙僧らが内々に考えるに、本派下の者は閣下（管長）および宗務本院のご命令に背く道理は全くなく、大本山の意向に逆らうはずもないが、今回の誓約書の一件は法燈《ほっとう》一派にとっては誠に嘆かわしいことなので、それぞれが開祖の法を重んじるのはお互いのこととご賢察下さり、国泰寺が本派に提出する誓約書については「大本山」の三文字を抜いていただきたい。

このように申し上げたからといって、決して大本山に反抗するわけではないが、ここに書くことができない事情もあるので、我々の開祖のために宗盟を重んじ、道愛を厚くするためとお考えくださり、右のことについてご承諾いただきたい。

明治十七年の宗制寺法制定に伴って提出しなければならない誓約書から、相国寺が「大本山」であるとする記載を抜いて欲しいと国泰寺は主張しました。その理由として「法燈一派」への思いを強調しています。法燈派とは、和歌山県由良に所在する興国寺の開山である無本覚心《むほんかくしん》（法燈国師）に始まる法系のことです。法燈派は、元来は興国寺から発する法系であったのですが、宝永五年（一七〇八）に国泰寺が法燈派の総本山になります。相国寺の開山は夢窓疎石《むそうそせき》であり、法系から考えれば国泰寺が相国寺派に所属する必然性はありません。よって、相国寺を大本山として認めることは、法燈派の法系を守る国泰寺としては大きな抵抗を感じたのです。

### 相国寺派からの離脱願

さらに十年が経過し、明治三十年（一八九七）九月三十日に国泰寺は相国寺派からの離脱の願書を中原東岳《なかはらとうがく》管長に提出します。

国泰寺は、以前からご承知の通り、正安元年（一二九九）に開山である清泉《せいせん》禅師（慈《じ》雲妙意《うんみょうい》）が創立して以来、禅宗二十四流のうちの一派本山として派内僧侶の法階や末寺住職の進退などをすべて統括してきた。それが六百年間続いていたところ、明治五年太政官布達第二百七十四号の公布に従い、翌六年に相国寺派へ所轄を願い出た。それ以来、ご法愛を受けてきたことは我々もよく認識しているが、他本山の所轄部内にあっては、内においては清泉禅師の法流を盛んにし、外においては布教伝導を行うのに不便が少なくない。また近年は、各本山で寺班法を設置する動きもあり、その結果として国泰寺固有の権利が消滅するであろうことは憂慮するところである。国泰寺本末および檀信徒は熟議のうえで、所轄分離と一派独立を政府筋へ出願したいので、格別のご宗盟をもってご承諾いただきたく、血涙をもって嘆願する。

この願書の末尾に「書面の趣は評議に及びがたい」と朱筆で書かれています。これは相国寺が本山としての判断を書き記して国泰寺に願書を差し戻したことを意味しており、願いは却下されたことが分かります。

右の願書の内容で注目すべきは、この時期に臨済宗各派が寺班法を設定しようとしていたことです。寺班とは、本山が末寺に対して与える格付けのことであり（詳細は後述）、それは法流継承など固有の活動が否定されることにつながると国泰寺は解釈したのです。

明治三十一年には、初めての相国寺派本末合議大会が開かれます。合議大会の開会趣旨文を以下に示します。

そもそも本派独立以来、宗務の方針はすべて地方分権を旨とし、宗務本院はそれを監督するに止めていた。この制度が悪かったわけではないが、複雑化する宗派の現状は改革を必要としている。よって今般新紀綱を制定して、これまでのやり方をすべて改め、立憲協同の方針を確立して、本派百年の大計を決定する。

本末合議大会は新たな宗制を制定するためのものであり、それは先述した寺班の設定とも密接に関連していました。右の趣旨に賛同できない国泰寺住持梅田瑞雲《うめだずいうん》は合議大会を欠席します。相国寺派宗務本院は、この欠席を私意をもって宗制を破棄する反宗派的行為とみなし、梅田を擯斥《ひんせき》します。このような強い処分を行い、相国寺派は国泰寺の独立を取り敢えず阻止したのです。

## 所轄本山の独立

国泰寺のような所轄本山の独立は、相国寺派だけで起きたことではなく、当該期の臨済宗各派に共通して発生した問題でした。先述したとおり、明治五年（一八七二）の太政官布達第二百七十四号によって独立本山であった永源寺・方広寺・仏通寺・向嶽寺も京都の臨済宗本山に所轄化されたのであり、既に永源寺は明治十三年に東福寺派から独立していたのです。他の三ヵ寺も国泰寺に連動して本派から離脱する可能性があったために、明治二十四年十二月に相国寺派・天龍寺派・東福寺派・南禅寺派・妙心寺派・大徳寺派管長が連名で内務大臣に対して所轄分離に対しての建白書を提出します。

臨済宗で大本山の資格がない本山を所轄本山と称している。所轄本山は末寺多数を支配しているのみであり、よって管長を置かず、大本山に附属している。

明治五年に教部省が設置されると大本山の資格がある寺の住持が招集され、全国隅々にまで三条教則に基づいた教導をすべきとの天皇からの命令があり、一同は教導職の長である教正の職に任じられた。この際に所轄本山が従来のとおり独立していては、布教がまちまちとなり教義が浸透しないので、縁故のある大本山へ所轄を申請するように太政官布達第二百七十四号で公布があり、それぞれが所轄を願い出たのである。

しかし、現在所轄本山から所轄を解消し、大本山と同等の権力を得たいという要求がしきりに出されてくるが、(中略)太政官布達第二百七十四号の趣旨に反するので、容易にその要求には応じがたい。

所轄本山は明治維新の際には教部省からの招集も受けず、全国を布教する労力も費《つい》やさず、のんびり大本山の指揮を受けていたのみである。大本山の義務といえば、所轄本山を支配することかれこれ二十年、その労費は計り知れないものがある。それればかりではなく、今すぐに所轄分離をしては、命令伝達が滞って煩雑さが多くなるとともに、宗派は四分五裂して宗規は支離滅裂となり、徐々に衰退していくであろう。万一内務省へ分離を申し出てくる所轄本山があったとしても、前述した内容をご思慮のうえ、許可を出さないようにお願いしたい。

この建白書からは、臨済宗内において所轄本山による離脱の動きが広がっていたことが分かります。宗派の自治が認められた結果、様々な意見が宗派運営に反映されるようになり、紛争が多発化した傾向に影響されたものと考えられます。また、所轄本山の独立を認めれば「宗規は支離滅裂となり、徐々に衰退していく」と述べられています。宗派がその機能を発揮するには一定の規模が必要であるということが、所轄本山を引き留める論理になっていたのです。

臨済宗の所轄本山は、明治三十六年（一九〇三）七月に方広寺派が南禅寺派から、同三十八年六月に仏通寺派が天龍寺派から、同四十一年九月に向嶽寺派が南禅寺派から独立する結果となりました。

## 国泰寺派の独立

明治三十三年四月二十四日に相国寺派は梅田の擯斥を免除します。独立の動きを止めたのでいったんは宥免《ゆうめん》したのです。しかし、同三十五年に国泰寺による本派宗務本院の命令違反と本派宗学賦課金の未納問題が発生し、同三十八年に国泰寺派は相国寺派から分離独立することになりました。同年一月二十四日に、梅田と国泰寺檀中総代が相国寺派宗務本院に対して、以下の六ヵ条による定約書を提出します。

①梅田が本派に謝罪文を提出する。
②宗務費・学林費の滞納分を即納する。
③梅田を特命で住職に任命する。
④同時に分派独立の願書を本派に提出する。
⑤香資金三百円を納付する。
⑥内務省から分派独立の許可が出るまでは所轄の義務を果たす。

この六ヵ条のうちで注目すべきは、②の宗務費・学林費の滞納分即納です。国泰寺の滞納は相当な程度にまで累積していたものと推測されます。相国寺の財政難は、宗費・学林費の増大という形で末寺に転嫁されたのであり、国泰寺にとって耐え難い水準にまで達していたのでしょう。

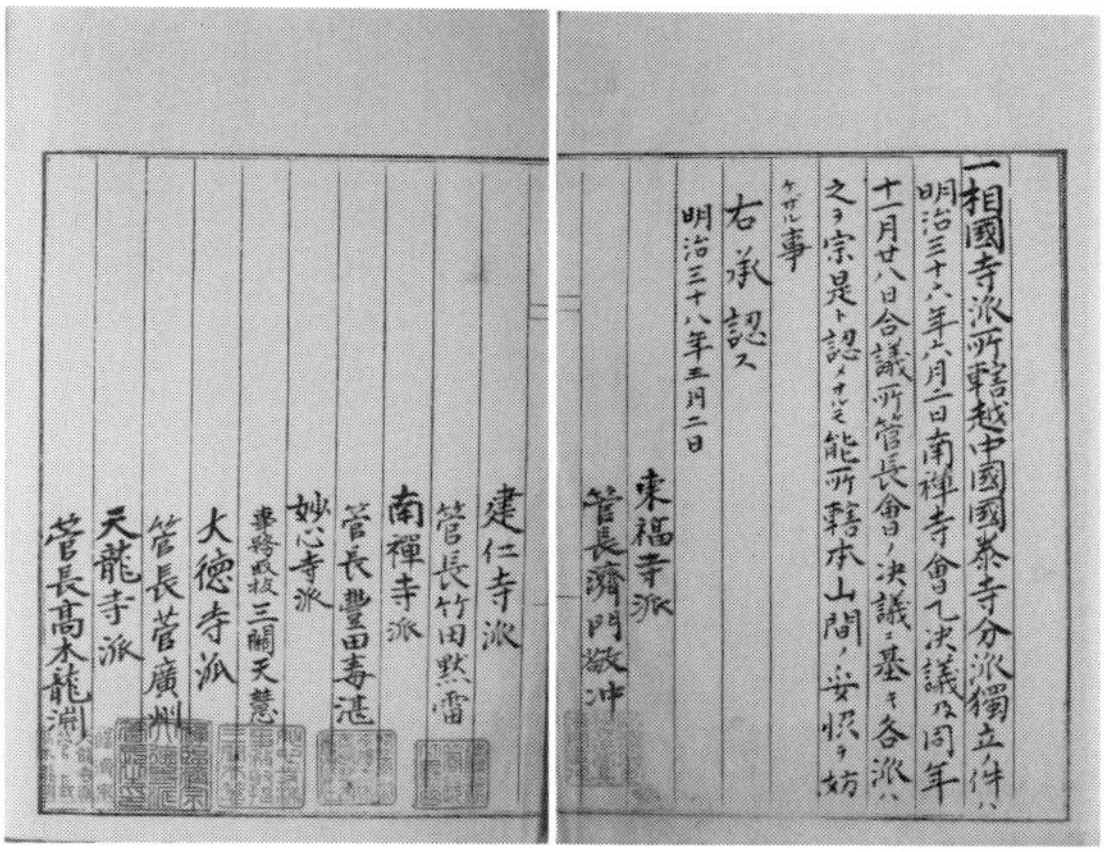
一相國寺派所轄越中國國泰寺分派獨立ノ件ハ
明治三十六年六月二日南禅寺會ノ決議及同年
十一月廿八日合議所管長會ノ決議ニ基キ各派ハ
之ヲ宗是ト認メタルモ能所轄本山間ノ妥協ヲ妨
ケザル事
右承認ス
明治三十八年三月二日
東福寺派
管長 濟門敬冲
建仁寺派
管長 竹田黙雷
南禅寺派
管長 豊田毒湛
妙心寺派
事務取扱 三關天慧
大徳寺派
管長 菅廣州
天龍寺派
管長 高木龍淵

写真32　国泰寺分派独立承認書

明治三十八年三月二日に東福寺派・建仁寺派・南禅寺派・妙心寺派・大徳寺派・天龍寺派管長が国泰寺派分派独立を承認します（**写真32**）。京都の臨済宗本山は連携して国泰寺派問題に対処したのですが、独立を阻止することはできなかったのです。同年十二月十六日に内務省から国泰寺派の独立が許可されることになります。

明治三十年代において臨済宗各派は大きな矛盾に直面していました。独自の法統を継承していた所轄本山は、本派運営の行き詰まりに巻き込まれることを嫌って相次いで独立し、本派は更なる財政窮乏に苦しむという悪循環に陥ったのです。そのような困難な状況を打開するために相国寺派において打たれた手が新宗制の編纂でした。

## 3 「臨済宗相国寺派紀綱」の編纂

### 新宗制編纂と小畠文鼎

国泰寺派が独立してから七年後の明治四十五年（一九一二）四月二十八日に、相国寺派の諮問会が開催されました。そこで紀綱（宗制）の原案が審議されたのです。そして、大正二年（一九一三）三月十日に新宗制である「臨済宗相国寺派紀綱」（以下、「紀綱」と略）が制定されます。この「紀綱」編纂の中心的な立場にいたのが相国寺塔頭長得院住持小畠《おばた》文鼎《ぶんてい》（写真33）です。

第二部で述べたように、小畠は近代京都五山を代表する学僧であり、江戸時代から明治時代までの臨済宗僧侶の事跡をまとめた『近世禅林僧宝伝』など、多くの著書を発表しています。小畠は実務面でも手腕を発揮しており、国泰寺派独立問題の処理では管長から全権を委任されました。

大正三年八月二十四日に、相国寺住職（相国寺派管長）橋本独山《はしもとどくざん》に対して小畠は志願書を提出しています。志願書の一部を引用します。

慶長《けいちょう》十五年以後、現代に至るまでの事跡を、本山および塔頭各院所蔵の文書や、その他の書籍等によって考察し、『精要』の体裁にならって『続万年編年精要』を編纂する。

相国寺には、室町時代から戦国時代に至る相国寺の歴史をまとめた『万年編年精要』という書物が伝来していたのですが、小畠は『万年編年精要』に続く寺史の編纂を志し、「相国寺史稿」（**写真34**）全四十巻を作り上げたのです。

小畠は、明治以降の史料についても保存・利用の手段を講じました。宗務本院に所蔵されていた文書を内容ごとに簿冊にまとめたのです。簿冊の目録である「宗務院記録索引」（**写真35**）も存在します。目録は、「天地玄黄」から始まる千字《せんじ》文《もん》を文書番号としており、それに合わせて文書名が列挙されています。冒頭には「明治三十四年八月執事小畠文鼎整理」と記されています。

小畠の寺史編纂は、新宗制である「紀綱」の編纂と並行して行われました。「紀綱」の内容を吟味するにあたり、小畠は膨大な相国寺の歴史を参照するという困難な作業に正面から取り組んだのです。その結

写真33　小畠文鼎

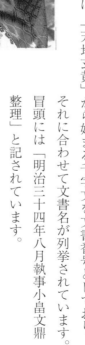

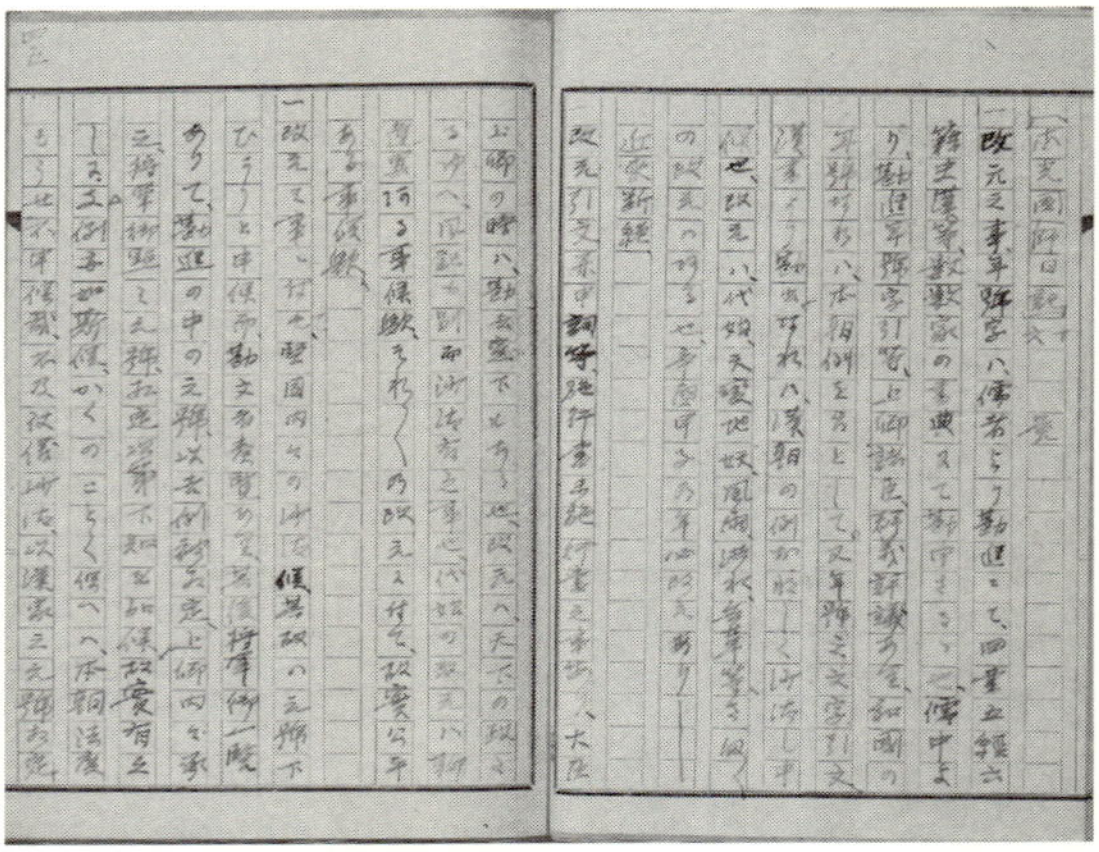

写真 34　「相国寺史稿」

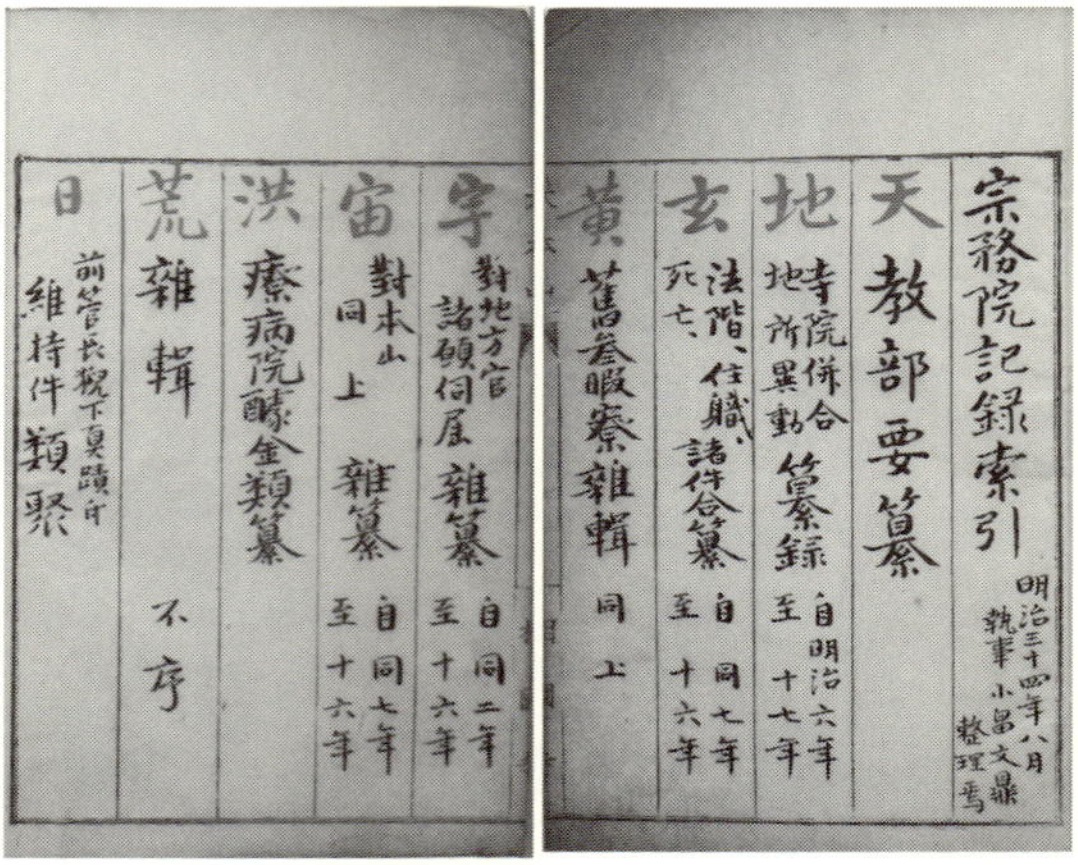

宗務院記録索引
明治三十四年八月 執事 小畠文鼎 整理焉
天 教部要纂
地 寺院併合 地所異動 纂録 自明治六年 至十七年
玄 法階、住職、諸件合纂 自同七年 至十六年
黄 [illegible]雑輯 同上
宇 對地方官 諸願伺届 雑纂 自同二年 至十六年
宙 對本山 同上 雑纂 自同七年 至十六年
洪 療病院醵金類纂
荒 雑輯 不存
日 前管長猊下[illegible] 維持件 類聚

写真 35　「宗務院記録索引」

果としてまとめられた「紀綱」は、過去を振り返ることによって新たな宗派運営の指針を得るという、温故知新の宗制であったと評価することができます。

## 「紀綱」の特徴

次に、「紀綱」の特徴について検討します。表14は「紀綱」の目次を示したものです。表14からは、「紀綱」が第一編宗制・第二編寺法・第三編僧規の三編構成であったことが分かります。宗制・寺法と続く構成になっているので、「紀綱」は明治十七年（一八八四）「相国寺派宗制寺法」の改訂版であったことが分かります。三編の条文を合計すると全四百四十四条になります。「相国寺派宗制寺法」が全八十三条でしたので、大幅な増補改訂でした。

第一編について見ていきます。

第三章に管長についての規定があります。第一節から第五節まで分かれていますが、注目すべきは第五節の「選挙」であり、全三十二条です。管長選挙についての規定が詳細に決められていることが「紀綱」の第一の特徴として挙げられます。第三章第十四条には「管長は本派内においてこれを選挙する」と謳《うた》ってあり、宗派の民主的運営が意識されていることが分かります。

第十章の「懲誡」は全六十五ヵ条です。懲戒規定の詳細さが「紀綱」の第二の特徴です。処分は、擯斥《ひんせき》・剥職《はくしょく》 奪階・貶階《ぼうかい》停階・謹慎・譴責《けんせき》の五段階が定められており、それぞれに数多くの規定が盛り込まれています。懲戒規定を厳しく定めたことの背景には国泰寺派独立問題があったのではないでしょうか。相国寺派を維持していくために、反宗派的行動

表14　大正2年臨済宗相国寺派紀綱目次

| 第1編　宗制 | | | | |
|---|---|---|---|---|
| 第1章 | 綱領 | | | 第1条～第4条 |
| 第2章 | 伝燈及法系嗣承 | | | 第5条～第13条 |
| 第3章 | 管長 | 第1節 | 就職及任期 | 第14条～第17条 |
| | | 第2節 | 権限 | 第18条～第19条 |
| | | 第3節 | 待遇 | 第20条～第25条 |
| | | 第4節 | 事務取扱 | 第26条 |
| | | 第5節 | 選挙 | 第27条～第59条 |
| 第4章 | 宗務 | 第1節 | 宗務本院 | 第60条～第72条 |
| | | 第2節 | 宗務出張所 | 第73条 |
| | | 第3節 | 宗務支院 | 第74条～第82条 |
| 第5章 | 宗文 | | | 第83条～第87条 |
| 第6章 | 参事会 | | | 第88条～第100条 |
| 第7章 | 布教 | 第1節 | 総則 | 第101条～第106条 |
| | | 第2節 | 管長親化 | 第107条～第110条 |
| | | 第3節 | 布教師 | 第111条～第119条 |
| | | 第4節 | 管長親化及布教師派出ノ特請 | 第120条～第121条 |
| | | 第5節 | 教会 | 第122条～第141条 |
| 第8章 | 財務 | 第1節 | 総則 | 第142条～第149条 |
| | | 第2節 | 予算、決算 | 第150条～第160条 |
| | | 第3節 | 収入手続 | 第161条～第167条 |
| | | 第4節 | 支出手続 | 第168条～第174条 |
| | | 第5節 | 主計簿 | 第175条～第178条 |
| | | 第6節 | 賦課金及補助金 | 第179条～第181条 |
| | | 第7節 | 義財 | 第182条～第190条 |
| | | 第8節 | 納金事故 | 第191条～第196条 |
| | | 第9節 | 会計主任 | 第197条～第199条 |
| 第9章 | 褒賞 | | | 第200条～第209条 |
| 第10章 | 懲誡 | 第1節 | 総則 | 第210条～第227条 |
| | | 第2節 | 違規 | 第228条～第238条 |
| | | 第3節 | 審判手続 | 第239条～第264条 |
| | | 第4節 | 免誡 | 第265条～第274条 |

| 第２編　寺法 | | | | |
| --- | --- | --- | --- | --- |
| 第１章 | 総則 | | | 第１条～第８条 |
| 第２章 | 法要 | | | 第９条～第11条 |
| 第３章 | 大本山、大本寺、一般寺院 | | | 第12条～第13条 |
| 第４章 | 寺班 | | | 第14条～第26条 |
| 第５章 | 寺有財産 | 第１節 | 監督 | 第27条～第29条 |
| | | 第２節 | 管理 | 第30条～第36条 |
| | | 第３節 | 処分 | 第37条～第39条 |
| 第６章 | 檀徒、信徒 | 第１節 | 檀徒 | 第40条～第47条 |
| | | 第２節 | 信徒 | 第48条～第49条 |
| | | 第３節 | 総代 | 第50条～第53条 |
| 第３編　僧規 | | | | |
| 第１章 | 僧侶 | | | 第１条～第３条 |
| 第２章 | 教育 | 第１節 | 総則 | 第４条 |
| | | 第２節 | 専門道場 | 第５条～第13条 |
| | | 第３節 | 学業 | 第14条～第16条 |
| 第３章 | 徒弟 | 第１節 | 徒弟教育 | 第17条～第22条 |
| | | 第２節 | 僧籍編入 | 第23条～第29条 |
| 第４章 | 教師、法階 | 第１節 | 総則 | 第30条～第33条 |
| | | 第２節 | 服制 | 第34条～第36条 |
| | | 第３節 | 位次 | 第37条～第39条 |
| | | 第４節 | 教師 | 第40条～第50条 |
| | | 第５節 | 法階 | 第51条～第66条 |
| 第５章 | 住職 | 第１節 | 住職 | 第67条～第84条 |
| | | 第２節 | 兼務住職 | 第85条～第90条 |
| | | 第３節 | 任免請願手続 | 第91条～第97条 |
| | | 第４節 | 特別取扱 | 第98条～第100条 |
| 第６章 | 托鉢 | | | 第101条～第110条 |
| 補則 | | | | 第１条～第７条 |

に対しては厳格に処分するという小畠と宗務本所の決意が懲戒規定に反映されたと考えられます。

次に、第二編を見てみます。

第三章の「大本山、大本寺、一般寺院」と、第四章「寺班」において、相国寺派寺院の寺格・寺班が定義されました。第三章第一二条には、

本派は万年山相国寺を大本山とする、所轄本山である円通山興聖寺・清涼山霊源寺を大本寺とする、大本山・大本寺以外の寺院、および将来本派に属する寺院を一般寺院と称する、

とあります。第一章で述べたように、明治五年に相国寺へ所轄された独立本山は、国泰寺の他に興聖寺と霊源寺がありましたが、この二ヵ寺は寺格・寺班について特別扱いされました。すなわち、相国寺を「大本山」とする一方で、興聖寺と霊源寺には「大本寺」という寺格を与えて寺班の序列から外したのです。この寺格設定が「紀綱」の第三の特徴です。

寺班は、表15で示したとおり別格地から等外地まで八等級が設定されました。宗費については、第一編第八章第百七十九条に「宗費の賦課は歳計予算額に基づき、等外地を千分の二とし、累進することは左の如くである」と規定されており、宗派全体予算の千分の二

表15　宗費賦課率

| 寺班 | 賦課率 |
|---|---|
| 等外地 | 1000分の2 |
| 六等地 | 1000分の3 |
| 五等地 | 1000分の4 |
| 四等地 | 1000分の5 |
| 三等地 | 1000分の6 |
| 二等地 | 1000分の7 |
| 一等地 | 1000分の9 |
| 別格地 | 1000分の15 |

から千分の十五まで、寺班に応じて賦課率が累進することになりました。

### 寺班設定と所轄本山

最後に、大正期における相国寺派寺院の寺班を確認します。

表16が大正十四年（一九二五）の相国寺派寺院一覧です。相国寺派は百九ヵ寺の寺院が存在し、六教区に編成されていたことが分かります。第一教区が主として京都府下寺院、第二教区が高知県・奈良県・兵庫県・大阪府下寺院、第三教区が三重県下寺院、第四教区が福井県下寺院、第五教区が島根県下寺院、第六教区は鹿児島県・宮崎県下寺院です。

第一教区では、No.1相国寺が「大本山」、No.2興聖寺・No.3霊源寺が「大本寺」とされています。No.4に「別格地」として鹿苑寺が挙げられています。No.5の大通院は専門道場（僧堂）であり、「未就地」とされて寺班が設定されていません。No.6慈照寺からNo.14林光院までが本山塔頭であり一等地です。尼門跡寺院であるNo.18大聖寺・No.19宝鏡寺・No.20慈受院・No.21宝慈院は「一等地相当」・「三等地相当」とされています。「相当」とあることから、尼門跡寺院も寺班の序列に明確には位置づけられていなかったのです。

表16では、興聖寺・霊源寺・尼門跡寺院の末寺であった寺院については、備考欄にその旨を記載しました。第三教区三重県・第五教区島根県の末寺はすべて興聖寺の末寺とされ

ています。

表16　相国寺派寺院一覧（大正14年〈1925〉5月）

| 教区 | No. | 寺格寺班 | 寺号 | 所在地 | 備考 |
|---|---|---|---|---|---|
| 第1区 | 1 | 大本山 | 相国寺 | 京都府京都市 | |
| | 2 | 大本寺 | 興聖寺 | 〃 | |
| | 3 | 〃 | 霊源寺 | 〃　愛宕郡 | |
| | 4 | 別格地 | 鹿苑寺 | 〃　京都市 | |
| | 5 | 未就地 | 大通院 | 〃 | 専門道場 |
| | 6 | 1等地 | 慈照寺 | 〃 | |
| | 7 | 〃 | 真如寺 | 〃 | |
| | 8 | 〃 | 大光明寺 | 〃 | 本山塔頭 |
| | 9 | 〃 | 豊光寺 | 〃 | 〃 |
| | 10 | 〃 | 慈照院 | 〃 | 〃 |
| | 11 | 〃 | 長得院 | 〃 | 〃 |
| | 12 | 〃 | 普広院 | 〃 | 〃 |
| | 13 | 〃 | 瑞春院 | 〃 | 〃 |
| | 14 | 〃 | 林光院 | 〃 | 〃 |
| | 15 | 〃 | 是心庵 | 〃　愛宕郡 | |
| | 16 | 〃 | 長栄庵 | 〃 | |
| | 17 | 〃 | 慈雲庵 | 〃　京都市 | 本山塔頭 |
| | 18 | 1等地相当 | 大聖寺 | 〃 | 尼門跡寺院 |
| | 19 | 〃 | 宝鏡寺 | 〃 | 〃 |
| | 20 | 3等地相当 | 慈受院 | 〃 | 〃 |
| | 21 | 〃 | 宝慈院 | 〃 | 〃 |
| | 22 | 2等地 | 光源院 | 〃 | 本山塔頭 |
| | 23 | 3等地 | 玉龍庵 | 〃 | 〃 |
| | 24 | 〃 | 養源院 | 〃 | 〃 |
| | 25 | 4等地 | 光照寺 | 〃　北桑田郡 | |
| | 26 | 5等地 | 竹林庵 | 〃　愛宕郡 | |
| | 27 | 〃 | 松見寺 | 岐阜県武儀郡 | 宝鏡寺末 |
| | 28 | 〃 | 無礙光庵 | 京都府京都市 | |
| | 29 | 6等地 | 興禅寺 | 東京府東京市 | 興聖寺末 |
| | 30 | 〃 | 智蔵庵 | 京都府愛宕郡 | |
| | 31 | 〃 | 桂徳院 | 〃 | |
| | 32 | 〃 | 福性寺 | 〃　南桑田郡 | 興聖寺末 |
| | 33 | 〃 | 東光寺 | 〃 | 〃 |
| | 34 | 〃 | 大雲寺 | 〃 | 〃 |
| | 35 | 〃 | 神昌寺 | 〃 | |
| | 36 | 〃 | 長遠寺 | 〃　京都市 | 興聖寺末 |
| | 37 | 〃 | 大応寺 | 〃 | 〃 |
| | 38 | 等外地 | 大歓喜寺 | 〃 | 大聖寺末 |
| | 39 | 〃 | 蔵泉庵 | 〃　葛野郡 | 慈受院末 |
| 第2区 | 40 | 2等地 | 国清寺 | 高知県土佐郡 | |
| | 41 | 〃 | 竜象寺 | 奈良県添上郡 | |
| | 42 | 3等地 | 少林寺 | 兵庫県氷上郡 | 興聖寺末 |
| | 43 | 〃 | 福円寺 | 〃　印南郡 | |
| | 44 | 4等地 | 法雲寺 | 〃　赤穂郡 | |
| | 45 | 〃 | 継孝院 | 〃　明石郡 | |
| | 46 | 5等地 | 見性寺 | 〃　揖保郡 | |
| | 47 | 〃 | 天正寺 | 大阪府大阪市 | 慈受院末 |
| | 48 | 6等地 | 少林寺 | 〃　豊能郡 | 興聖寺末 |
| | 49 | 等外地 | 安明寺 | 奈良県添上郡 | 霊源寺末 |
| | 50 | （無寺宇） | 松尾寺 | 大阪府北河内郡 | |
| 第3区 | 51 | 1等地 | 浄明院 | 三重県津市 | 興聖寺末 |
| | 52 | 4等地 | 不動院 | 〃　一志郡 | 〃 |
| | 53 | 〃 | 長谷寺 | 〃　安濃郡 | 〃 |
| | 54 | 〃 | 光応寺 | 〃　飯南郡 | 〃 |
| | 55 | 5等地 | 大長寺 | 〃　安濃郡 | 〃 |

| 教区 | №. | 寺格寺班 | 寺号 | 所在地 | 備考 |
|---|---|---|---|---|---|
| 第３区 | 56 | 等外地 | 阿弥陀寺 | 〃　飯南郡 | 〃 |
| 第４区 | 57 | １等地 | 長福寺 | 福井県大飯郡 | |
| | 58 | 〃 | 園松寺 | 〃 | |
| | 59 | 〃 | 元興寺 | 〃 | |
| | 60 | 〃 | 正善寺 | 〃 | |
| | 61 | 〃 | 真乗寺 | 〃 | |
| | 62 | 〃 | 西林庵 | 〃 | |
| | 63 | 〃 | 潮音院 | 〃 | |
| | 64 | ２等地 | 西安寺 | 〃 | |
| | 65 | 〃 | 洞昌寺 | 〃 | |
| | 66 | ３等地 | 円福庵 | 〃 | |
| | 67 | 〃 | 清源寺 | 〃 | |
| | 68 | ４等地 | 歓喜寺 | 〃 | |
| | 69 | 〃 | 海蔵庵 | 〃 | |
| | 70 | 〃 | 海見庵 | 〃 | |
| | 71 | 〃 | 桃源寺 | 〃 | |
| | 72 | 〃 | 海岸寺 | 〃 | |
| | 73 | 〃 | 清雲寺 | 〃 | |
| | 74 | 〃 | 常禅寺 | 〃 | |
| | 75 | 〃 | 東源寺 | 〃 | |
| | 76 | 〃 | 南陽寺 | 〃 | |
| | 77 | 〃 | 妙祐庵 | 〃 | |
| | 78 | 〃 | 蔵身庵 | 〃 | |
| | 79 | 〃 | 常津庵 | 〃 | |
| | 80 | ５等地 | 長養庵 | 〃 | |
| | 81 | 〃 | 養江庵 | 〃 | |
| | 82 | 〃 | 正法庵 | 〃 | |
| | 83 | 〃 | 竜虎庵 | 〃 | |
| | 84 | 〃 | 向陽庵 | 〃 | |
| | 85 | 〃 | 寿奎庵 | 〃 | |
| | 86 | 等外地 | 寿福庵 | 〃 | |
| | 87 | （無寺宇） | 禅源寺 | 〃 | |
| | 88 | 〃 | 境林庵 | 〃 | |
| 第５区 | 89 | １等地 | 富田寺 | 島根県簸川郡 | 興聖寺末 |
| | 90 | 〃 | 霊雲寺 | 〃 | 〃 |
| | 91 | 〃 | 万福寺 | 〃 | 〃 |
| | 92 | 〃 | 西光院 | 〃 | 〃 |
| | 93 | 〃 | 本誓寺 | 〃 | 〃 |
| | 94 | 〃 | 西光寺 | 〃 | 〃 |
| | 95 | 〃 | 保寿寺 | 〃 | 〃 |
| | 96 | 〃 | 増光寺 | 〃 | 〃 |
| | 97 | 〃 | 東光寺 | 〃 | 〃 |
| | 98 | 〃 | 長厳寺 | 〃 | 〃 |
| | 99 | ３等地 | 興善寺 | 〃 | 〃 |
| | 100 | 等外地 | 常徳寺 | 〃 | 〃 |
| | 101 | 未就地 | 能満寺 | 〃 | 〃 |
| 第６区 | 102 | １等地 | 南洲寺 | 鹿児嶋県鹿児嶋市 | |
| | 103 | ２等地 | 感応寺 | 〃　出水郡 | |
| | 104 | 〃 | 広護寺 | 宮崎県南那珂郡 | |
| | 105 | ３等地 | 永徳寺 | 〃 | |
| | 106 | 〃 | 虎渓寺 | 〃 | |
| | 107 | ４等地 | 西林院 | 〃 | |
| | 108 | 〃 | 禅源長寿寺 | 〃 | |
| | 109 | ６等地 | 竜厳寺 | 〃 | |

### 「大本寺」成立の経緯

興聖寺と霊源寺に「大本寺」の寺格が設定された理由は、「紀綱」の素案を検討する段階で、所轄本山の名称を撤廃することに興聖寺が反発して分派独立を目指したからです。

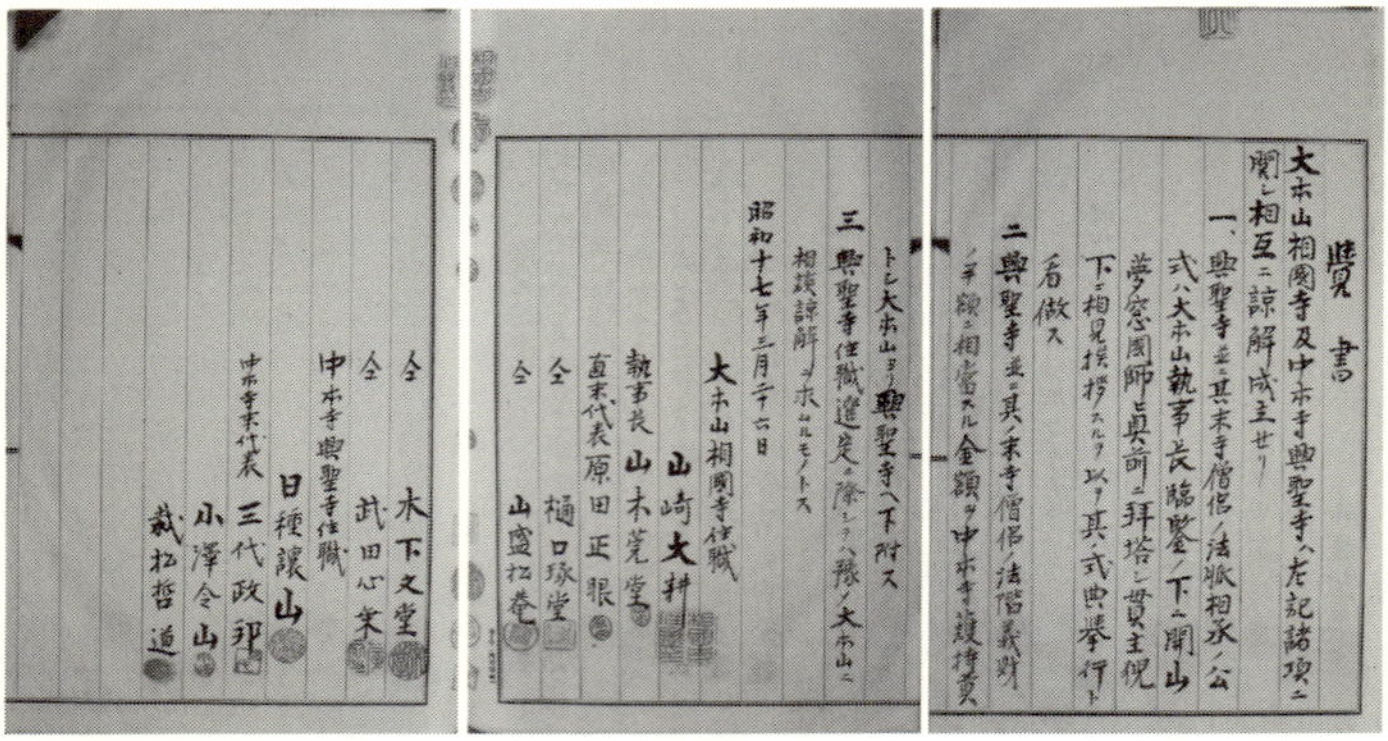

覺書
大本山相國寺及中本寺興聖寺ハ左記諸項ニ関シ相互ニ諒解成立セリ
一、興聖寺並ニ其末寺僧侶ノ法脈相承ノ公式ハ大本山執事長臨鑑ノ下ニ開山夢窓國師ト真前ニ拝塔シ貫主猊下ニ相見挨拶スルヲ以テ其ノ式典挙行ト看做ス
二、興聖寺並ニ其ノ末寺僧侶ノ法階義財ノ半額ニ相当スル金額ヲ中本寺護持費トシ大本山ヨリ興聖寺ヘ下附ス
三、興聖寺住職選定ノ際ニハ豫メ大本山ニ相談諒解ヲ求ムルモノトス
昭和十七年三月二十六日
大本山相國寺住職 山崎大耕
執事長 山木莞堂
直末代表 原田正眼
仝 樋口琢堂
仝 山盛松菴
仝 木下文堂
仝 武田心栄
中本寺興聖寺住職 日種譲山
中本寺末代表 三代政邦
小澤全山
兼松哲道

写真 36　相国寺・興聖寺覚書

国泰寺派独立と同様の事態に陥ることを回避するために、相国寺派は興聖寺末寺総代を宗務本院に招集して協議を行います。その結果、妥協の産物として「大本寺」という名称が生まれたのです。また、この協議において、次の二項目も決定されました。

①興聖寺・霊源寺およびその末寺僧侶の法階は、「大本寺」よりこれを授与することができる。

②相国寺派宗務本院より発布する文書は、すべて「大本寺」を経て各寺院に配附するものとする。

「紀綱」編纂の中心的な立場にいた小畠は、この経緯について「本委員等の本志ではないが、（中略）まげて一大譲歩をなし」という一文を残しています。「紀綱」を成立させるために「一大譲歩」を余儀なくされたと、無念の思いがにじみ出ています。

「大本寺」寺格設定の一件からは、宗派内の統一を図る相国寺と、主体性を求める興聖寺・霊源寺が激しくせめぎ合ったことが分かります。同一宗派を構成しながらも、お互いにあるべき自治を求めて角逐した両者が存在したことが、明治後期から大正期にかけての相国寺派の特質であったのです。

## 4 まとめ

### 生き続けた法系

本講の内容をまとめます。

まず、宗派財政の窮乏が国泰寺派の独立に直結したことを指摘しました。法燈《ほっとう》派の法系を守る国泰寺は、夢窓疎石を開山とする相国寺に属することに必然性を感じていなかったために、財政難が転嫁されることを拒んだのです。国家神道体制によって宗教が厳しく統制された明治期においても、各本山の開山を祖とする法系は脈々と引き継がれており、それが禅宗教団の活力になっていたことが分かります。

### 「徳義」の喪失

次に、明治二十年代以降に臨済宗全体で所轄寺院の分派独立をめぐる動きが活発化したことを述べました。本講では、その理由を財政難や法系に求めましたが、羽賀祥二《はがしょうじ》が論じている次の問題も念頭に置く必要があります。それは、教団内部での紛争の多発化が、江戸時代の仏教教団を支えた「徳義」（道徳的な共同性）の喪失によって引き起こされたとするものです（『明治維新と宗教』）。

神道国教化政策を推進するために、全国の僧侶は国家の官吏としての教導職に任命されました。教導職制度は、国家が僧侶を江戸時代的な身分制度から切り離して一元的に掌握する結果をもたらしたのです。宗教身分の制約から脱した僧侶は、肉食妻帯《にくじきさいたい》を許可する明治五年（一八七二）の太政官布告第百三十三号をすんなり受け入れるなど、戒律に反する行動を取るようになりました。明治十七年太政官布達第十九号によって国家から教団自治を認められましたが、「徳義」を喪失した教団が自治の権利をそのまま使いこなすことはできず、内部対立を深刻化させることになったのです。

国家は、このような僧侶を始めとする宗教者の実態を問題視し、明治二十八年五月三十日に内務省訓令第九号を出します。この訓令では次のように述べられています。

現今の教師は無学背徳で、任に適しない者が少なくないと聞いている。

僧侶が「徳義」を失った結果、教師の質が落ちたことが論じられているのです。そのような状況を打開するために、各宗派に教師の検定基準を設けることが求められました。

臨済宗各派は、内務省訓令第九号に対応して、「臨済宗五派教師検定規則・臨済宗五派普通学般若林規則《はんにゃりん》」を制定します。この五派は、南禅寺派・建仁寺派・永源寺派・相国寺派・大徳寺派で構成されていました。五派は教師の資格規定を作るとともに、般若林（僧侶の学問所、学林）を強化するために連合組織にしたのです。

**自治を獲得するということ**

羽賀は、以上のような近代の教団がたどった経緯を詳細に論証し、明治二十年代においては教団が自治を支える力量を確保するためには、内部的な力よりも国家・天皇といった外部的な権威を拠り所にしなければならなかったと論じています。しかし、小畠を中心とする相国寺派の「紀綱」編纂に象徴されるように、僧侶たちの努力の積み重ねによって、宗派が新たな形の自治を獲得することは可能であったと私は考えます。

宗派の自治とは、与えられるものではなく、自らの手で実体化するものであったということ、国家が強力な統制を及ぼした明治期の社会においても、それは実現できたということを、私は主張したいと思います。「紀綱」の編纂は、これまで述べてきたとおり、宗派財政の窮乏や国泰寺派の独立など、当時の相国寺派が抱えていた様々な困難に立ち向かうために実施されたのです。

表17　駒沢大学図書館所蔵明治後期〜大正初期臨済宗各派宗制一覧

| №. | 宗制名 | 成立年月 |
|---|---|---|
| 1 | 妙心寺派綱目附法則教令 | 明治28年（1895）12月 |
| 2 | 臨済宗円覚寺派宗典附則 | 明治29年（1896）８月 |
| 3 | 黄檗宗宗憲法則 | 明治31年（1898）８月 |
| 4 | 臨済宗大徳寺派綱目附法則 | 〃　９月 |
| 5 | 臨済宗東福寺派宗典附法則教令 | 明治35年（1902）３月 |
| 6 | 臨済宗仏通寺派宗典附法則 | 明治38年（1905）６月 |
| 7 | 臨済宗国泰寺派宗典附法則 | 〃　12月 |
| 8 | 臨済宗南禅寺派宗制幷宗規 | 明治41年（1908）12月 |
| 9 | 臨済宗永源寺派宗憲幷法則宗令 | 明治45年（1912）２月 |
| 10 | 臨済宗建長寺派宗典 | 大正元年（1912）８月 |
| 11 | 臨済宗相国寺派紀綱 | 大正２年（1913）３月 |
| 12 | 臨済宗天龍寺派宗憲 | 大正４年（1915）８月 |

明治十七年太政官布達第十九号に基づいて制定された「相国寺派宗制寺法」は、全八十三条しかありませんでした。しかし、「紀綱」は全四百四十四条があります。これらの条文は、小畠を始めとする相国寺派の僧侶たちが、宗派が直面する諸問題を解決するために苦悩した結果できあがったものなのです。

最後に、本講で論じた相国寺派の動向がどこまで一般化できるのか、相国寺派以外の臨済宗各派は当該期に何をしていたのかという問題が残るかと思います。

**表17**は、駒沢大学図書館に所蔵される当該期の臨済宗各派宗制の一覧です。明治後期から大正期にかけて相国寺派以外に十一派が宗制をまとめたことを指摘できます。所轄本山の独立や財政難は各派に共通する課題であり、それを解決するために各派も悩んでいたのです。臨済宗の近代史を検討するうえで、相国寺派の事例は一般化できる可能性が高いのではないでしょうか。

# 第三講　戦時体制における臨済宗と相国寺派

## 1　大正から昭和にかけての世相

### 「大正デモクラシー」の評価

まず、前講で論じた「紀綱」が編纂された大正期の時代相を振り返り、「紀綱」成立の歴史的意義を社会情勢を踏まえつつ確認しておきます。

従来、大正期は「大正デモクラシー」という用語で特徴付けられてきました。「大正デモクラシー」とは、明治三十八年（一九〇五）の日露戦争講和反対運動から大正末年までに発生した民主的な社会動向を指す用語です。第一次世界大戦中の輸出増に伴うインフレで高騰した米価に苦しんだ民衆が、全国各地の米商や富豪を襲撃した大正七年（一九一八）の米騒動は「大正デモクラシー」を代表する事件として位置づけられてきました。

日本近代史研究においては、一九六〇年代から七〇年代にかけて「大正デモクラシー」

に関わる研究が活発に行われましたが、この時期における政治参加の拡大が総力戦体制を準備したという考え方が近年に提示されたこともあり、「大正デモクラシー」研究は曲がり角に来ています。

しかし、「大正デモクラシー」が戦時下におけるファシズムの前提になるものであったとしても、この時期に様々な団体や個人が積極的に自己主張を行った事実は否定できないでしょう。社会全体の動静を見通して評価すれば、「紀綱」の編纂は仏教各宗派の国家に対する自立化傾向が強まったことの現れであったと評価できます。「大正デモクラシー」期は仏教各宗派の自治にとってひとつの画期でした。

**治安維持法**

大正十二年（一九二三）の関東大震災以降は国家の社会に対する統制が強まりました。そして、同十四年に男子普通選挙法と抱き合わせの形で治安維持法が成立します。治安維持法の基本的性格は、第一条第一項の条文に表現されています。すなわち、

国体を変革し、または私有財産制度を否認することを目的として結社を組織し、またはその情報を知ってこれに加入した者は十年以下の懲役または禁錮に処す、

と規定されており、国体を否定する結社に参加することは犯罪になったのです。さらに、

昭和三年（一九二八）に治安維持法の罰則は次のように強化されます。

国体を変革することを目的として結社を組織した者は、（中略）死刑または無期もしくは五年以上の懲役もしくは禁錮に処す。

治安維持法の成立・改定は、国家による反体制的なあらゆる思想の取り締まりを可能にしました。それは宗教も例外ではなく、昭和十年の大本《おおもと》事件などにつながりました。

**昭和以降の社会の動き**

昭和以降の主な社会の動きを述べておきます。昭和五年（一九三〇）にはアメリカで発生した世界大恐慌が日本に波及します。明治維新以来培《つちか》われてきた日本資本主義は、世界大恐慌によって危機を迎えるのです。同六年の満州事変は、そのような社会の行き詰まりを打開するために軍部によって引き起こされたものであり、同七年には日本の傀儡《かいらい》国家である満州国が建国されました。日本の植民地主義的志向があらわになったのです。さらに同年に、陸軍青年将校によって犬養毅《いぬかいつよし》首相が殺害された五・一五事件が起き、議会政治は大きな圧迫を受けることになります。同十二年には、日本軍と中国軍の間で起こった衝突事件である盧《ろ》溝橋《こうきょう》事件が発生し、泥沼の日中全面戦争が始まったのです。

以上のような歴史の流れに沿って、昭和前期に臨済宗と相国寺派がどのような動きを見せたかを具体的に検証していきます。

## 2　臨済宗七派聯合布教団の発足と臨黄合議所の設置

### 臨済宗七派聯合布教団の発足

大正八年（一九一九）六月五日に、南禅寺派・東福寺派・大徳寺派・永源寺派・天龍寺派・相国寺派・建仁寺派合同による臨済宗七派聯合布教団（以下、聯合布教団と略）が創設されました。この組織は、臨済禅の普及を目的とする現在の臨済宗連合各派布教師会の前身になるものです。八月十五日に出された聯合布教団からの通達文には、布教活動の要《よう》諦《てい》が次のように明示されています。

要するに、仏教界が果たすべき急務は布教の一事にある。仮にも布教をなおざりにして、どのように臨済宗の教えを世の中に示し、人々を救済して悟りに導くことができるのであろうか。

通達文では、布教によって人々を救済するという仏教教団として正統な主張が展開されました。このような主張には「大正デモクラシー」の影響が背景にあったと考えるべきです。前講で述べたように、明治後期から大正期にかけて臨済宗各派は宗制をまとめました。

宗派運営の基礎となる宗制を成立させた後は、社会の自由な風潮に合わせて布教することに僧侶の関心が向いたのでしょう。

聯合布教団は、昭和期に入ると組織の性格を大きく変質させます。そのことをうかがわせるのが昭和九年（一九三四）に制定された「臨済宗聯合各派布教団規約」です。その前文を引用します。

我々は切望する。我が宗派の門流はよろしく開山・列祖が遺した模範を守り、（中略）国家の興隆に努めて、忠誠義勇をもって尊王奉仏の実績を顕彰すべきである。

「忠誠義勇」、「尊王奉仏」といった表現は、まさに国家主義・全体主義的な意味合いを持つものです。「大正デモクラシー」の時代相を反映させていた聯合布教団は、この時期には国家の思想統制に絡《から》め取られていたことが指摘できます。

### 臨済宗各派黄檗宗合議所の設置

当該期には、臨済宗各派は黄檗宗とともにもう一つの連合組織を成立させています。昭和四年（一九二九）四月一日に開設された臨済宗各派黄檗宗合議所（以下、合議所と略）です。設置当初の合議所には建長寺派と円覚寺派は参加しなかったのですが、最終的には臨済宗全十四派と黄檗宗が加入しました。現在も臨済宗黄檗宗連合各派合議所という名称で存続しています。

昭和四年十月十一日に合議所幹事であった相国寺派の牧野《まきの》忍宗《にんじゅう》は、各派執事長に宛てて出した書状で合議所の性格を次のように説明しています。

内外に対する共通問題を討議処理し、合わせて各派間の親交を深めるための機関である。

牧野の書状では、合議所は臨済宗・黄檗宗の連絡機関とされており、それ以上の位置付けはされていません。しかし、国家による統制が強まるにつれて、連合組織に対しての臨済宗各派の考え方は変化していきます。昭和六年六月三十日に出雲臨済宗各派講究会が作成した「臨済宗各派宗務統一に関する建議書」は、そのことを端的に示しています。建議書の一部を引用します。

改めて言うまでもなく、我が臨済十四派は等しく臨済義玄《りんざいぎげん》禅師を起源としているのであり、その教えが盛んになって数多くの分派を形成したが、宗義においては全く相違していない。（中略）大本山の名称と権威はそのままにすべきであるが、立法行政の機関については、むしろ一臨済宗に統一合同すべきである。

翻《ひるがえ》って現代社会の大勢を鑑《かんが》みれば、行政においては町村の合併、経済にあっては会社銀行の合併、その他産業の合理化、教化団体の連合など、すべて小より大に、雑多より統一に進みつつある。

出雲臨済宗各派講究会は、島根県域における聯合布教団の勉強会であったと考えられることから、建議書の見解には地方在住の臨済宗僧侶の意思が反映されていたと評価できます。そのような性格を持つ建議書において、臨済宗各派は、歴史的に培ってきたそれぞれの多様性を否定し、国家統制に寄り添う姿勢を自ら示したのです。臨済宗各派の統一合同への動きは、戦時体制が構築されるにつれて強まっていくことになります。

## 3　宗教団体法の制定と臨済宗の合同

### 国家総動員法と大政翼賛会の成立

昭和十二年の盧溝橋事件をきっかけに日中戦争が勃発し、日本は本格的な戦時体制に入ります。それに伴って国家制度の大変革が進められました。すなわち、昭和十三年四月の国家総動員法制定と同十五年十月の大政翼賛会結成です。

国家総動員法では、第一条に次のような定義が行われています。

国の全力を最も有効に発揮できるように人的および物的資源を統制運用する。

この法律は、日中全面戦争における軍事需要を満たすために軍の圧力によって成立したものであり、日本国内の資源はすべて国家が自由に利用できるようになりました。戦時統制経済は、国家総動員法に基づいて勅令（帝国議会の協賛を得ずに天皇大権によって出された命令）で進められたのです。

大政翼賛会は、一元的な戦争指導体制のための上意下達の官製国民運動団体です。総裁を首相が兼任し、支部が都道府県・市町村・六大都市・郡に置かれ、隣組・町内会が末端組織となっていました。大政翼賛会の結成によって、国の戦争指導が日本全国に行き渡るようになったのです。

**宗教団体法の制定**

国家統制の強化は宗教にも強い影響を及ぼしました。宗教について初めてのまとまった法律である宗教団体法が昭和十四年（一九三九）四月八日に公布されたのです。

宗教団体法について説明する前提として、宗教についての法制度の歴史を振り返っておきます。宗教団体法成立以前に、宗教法案は帝国議会に三回提出されました。すなわち、明治三十二年（一八九九）の第一次宗教法案、昭和二年（一九二七）の第二次宗教法案、同四年の第一次宗教団体法案です。これらの法案はすべて廃案になっています。その理由は、第一次宗教法案ではキリスト教と仏教を同等に扱ったことについて仏教側から強い反対があり、第二次宗教法案では何が宗教であるかを国家が指定するなど監督干渉の要素が厳しかったことに各宗教団体から激しい反発が起きたためです。明治維新から昭和十年代に至るまで、宗教団体を規制するまとまった法律は成立しませんでした。

初の宗教法制である宗教団体法は全三十七条です。第二次宗教法案が全百三十条、第一次宗教団体法案が全九十九条であったことから比べると簡略になっており、宗教団体への監督干渉規定は少なくなっています。宗教統制の基礎となる法律を何としてでも成立させるために、障害になるような厳しい規定を削除した結果、非常に短い法律になったのです。

宗教団体法の評価については、宗教法制を学ぶうえでの必読書である井上恵行《いのうええぎょう》の『宗教法人法の基礎的研究』において次の見解が示されています。

国家とともに生き国家とともに歩む宗教団体に対して、保護助長の道を強化すると同時に、一方、公安を妨げ公益を害するような行為は、より厳重に取り締まる。

宗教団体法には、第二十二条「宗教団体には命令の定める所により所得税および法人税を課さず」とする宗教団体非課税原則など、保護の要素も存在していたのです。

**宗教団体法の内容**

次に、宗教団体法の主な内容を列挙します。

表18　宗教団体法における宗制の記載事項

| No. | 記載事項 |
|---|---|
| 1 | 名称 |
| 2 | 事務所の所在地 |
| 3 | 教義の大要 |
| 4 | 教義の宣布および儀式の執行に関する事項 |
| 5 | 管長、教団統理者その他の機関の組織、任免および職務権限に関する事項 |
| 6 | 寺院、教会その他の所属団体に関する事項 |
| 7 | 住職、教会主管者、その代務者および教師の資格、名称および任免その他の進退並びに僧侶に関する事項 |
| 8 | 檀徒、教徒または信徒に関する事項 |
| 9 | 財産管理その他の財務に関する事項 |
| 10 | 公益事業に関する事項 |

表19　宗教団体法における寺院規則の記載事項

| No. | 記載事項 |
|---|---|
| 1 | 名称 |
| 2 | 所在地 |
| 3 | 本尊、奉斎主神、安置仏等の称号 |
| 4 | 所属教派、宗派または教団の名称 |
| 5 | 教派、宗派または教団に属せざる教会にありては前号に規定する事項に代えその奉ずる宗教の名称および教義の大要並びに教師の資格、名称および任免その他の進退に関する事項 |
| 6 | 教義の宣布および儀式の執行に関する事項 |
| 7 | 住職、教会主管者その他の機関に関する事項 |
| 8 | 檀徒、教徒または信徒およびその総代に関する事項 |
| 9 | 本末寺および法類に関する事項 |
| 10 | 財産管理その他の財務に関する事項 |
| 11 | 公益事業に関する事項 |

第一条では、宗教団体とは神道教派（以下教派と略）・仏教宗派（以下宗派と略）・基督《キリスト》教その他の教団（以下教団と略）と寺院・教会の五種類であると定義されています。なお、この場合の神道教派とは、神社神道ではなく、天理教などの教派神道を指しています。

第二条では、教派・宗派・教団・教会は法人になることができる、寺院は法人とするとされています。寺院は当然のこととして法人になるのです。

第三条では、教派・宗派・教団の設立には表18の十項目を記載した教規・宗制・教団規則を作成し、主務大臣の認可を受けることが必要とされています。表18で重要な項目は、No.３教義の大要とNo.４教義の宣布および儀式の執行に関する事項でしょう。宗教の中身に立ち入った記載を国家の側が要求しているのであり、干渉の度合いが大きい法律であったと評価できます。

第六条では、寺院・教会の設立には表19の十一項目を記載した寺院規則・教会規則を作成し、地方長官の認可を受けることが必要とされています。No.３で本尊などの称号の記載が求められており、第三条の規定と同様の性格を指摘できます。

第十六条では、

宗教団体または教師の行う宗教の教義の宣布、若《も》しくは儀式の執行、または宗教上の行事が安寧秩序を妨げ、または臣民としての義務に背くときは、主務大臣はこれを制限し、若しくは禁止し、教師の業務を停止し、または宗教団体の設立の認可を取り消すことができる、

と定められています。大日本帝国憲法第二十八条では、安寧秩序と臣民としての義務を守る範囲において信教の自由を認めるとされていましたが、その規定に反した場合は宗教団

体の設立認可が取り消されることになりました。この条文が「公安を妨げ公益を害するような行為は、より厳重に取り締まる」という宗教団体法の性格を雄弁に物語っているのです。

**臨済宗十三派の合同と「臨済宗宗制」**

昭和十六年（一九四一）三月二十一日に、国泰寺派を除く臨済宗十三派の合同を文部省が認可します。統一された臨済宗の管長には方広寺住職の足利紫山《あしかがしざん》が就きました。臨済宗に限らず、この時期には各宗教団体で合併が相次ぎます。このような動きの背景には、宗教団体の統合を進めようとする文部省側の意向とともに、先述した出雲臨済宗各派講究会の「臨済宗各派宗務統一に関する建議書」に見られたような、国家統制に従おうとする宗教団体側の意識が根底にあったものと思われます。

臨済宗合同の翌日である昭和十六年四月一日に、宗教団体法第三条に基づく「臨済宗宗制」全六百六十六条が成立します。宗教団体法公布からほぼ二年が経過していました。「臨済宗宗制」の中で特に重要と思われる条文を紹介します。

第二条では臨済宗の宗務庁を建仁寺に設ける、第九十条では各大本山に宗務所を置く、第九十四条では宗務所長は臨済宗宗務総長の指揮を受けて、当該大本山およびその門末寺院に関する宗務を司管するとされています。臨済宗合同によって、合併前の各派の組織が否定されたわけではありません。大本山の宗務所長は合併前の各派管長であり、大本山が従来通り末寺を統制したのです。新しく作られた臨済宗宗務庁が従来の大本山を取り込む形で臨済宗の組織が成立したといえます。

表20　臨済宗宗会議員

| 大本山 | 人数 |
|---|---|
| 建仁寺 | 1名 |
| 東福寺 | 3名 |
| 建長寺 | 3名 |
| 円覚寺 | 2名 |
| 南禅寺 | 3名 |
| 大徳寺 | 1名 |
| 妙心寺 | 20名 |
| 天龍寺 | 1名 |
| 永源寺 | 1名 |
| 相国寺 | 1名 |
| 方広寺 | 1名 |
| 向嶽寺 | 1名 |
| 仏通寺 | 1名 |
| 計 | 39名 |

第百三十六条では、各大本山門末寺院住職中より選出された議員三十九名で宗会を構成するとされています。各大本山への議員の割り振りを表20に示しました。末寺数に比例して配分されており、最大の議員数を擁するのは妙心寺です。

### 「相国寺寺院規則」・「大本山相国寺憲章」の成立

先述したように、宗教団体法第六条では寺院・教会も規則を作成しなければならないと定められていました。その規定に従い、昭和十七年（一九四二）三月三十一日に相国寺は「相国寺寺院規則」全百七条を制定します。よって当該期の相国寺は、「臨済宗宗制」と「相国寺寺院規則」という宗教団体法に基づく二つの規則を運用していたのですが、さらに昭和十八年に「大本山相国寺憲章」全二百七十六条が作成されています。「大本山相国寺憲章」の目的や性格が問題になると思いますが、そのことをうかがわせるのが次の第七条です。

大本山相国寺は、宗教団体法に準拠し、臨済宗宗制、相国寺寺院規則および本憲章の規定により、門末の寺院および僧侶を監督庇護し、檀信徒および社会を教導する。

この条文から「大本山相国寺憲章」は「臨済宗宗制」と「相国寺寺院規則」で定めきれなかった部分、つまり宗教団体法で記載を義務づけられた表18・19の項目以外の内容について、相国寺が自主的にまとめたものであったことが分かります。

昭和二十年の敗戦まで、以上に述べた三つの規則に従って相国寺は運営されたのです

## 4　宗教団体法・臨済宗合同の諸影響

### 興聖寺・霊源寺・尼門跡寺院の動向

宗教団体法の制定は、大正二年（一九一三）以来の「紀綱」に基づく相国寺派の運営に大きな変更をもたらしました。それが最も端的に表れたのが興聖寺などの所轄寺院に対しての処遇の問題です。昭和十五年（一九四〇）に興聖寺住職から相国寺派管長に差し出さ

れた「陳情書」にその事情が記されています。

今回宗教団体法の施行により、相国寺派では現行宗制を改編するにあたって、明治六年以来続いていた興聖寺派の所轄を廃止し、新たに相国寺派管長から法階を授与する旨が執事長から内示されたが、これは恐らく宗務本所当局の独断であって、相国寺派管長はもちろん、心ある禅僧の誰もが肯定できないところである。法系と法階を尊重することは禅門として絶対的な古規慣例なのであって、これを失うことは宗派の滅亡と同じであり、法孫として耐えることができない事態である。

興聖寺開山である虚《こ》応円耳《おうえんに》禅師は、桃山時代に台密《たいみつ》（天台密教）兼学禅を取り上げた唯一の人と称され、後陽成《ごようぜい》天皇の勅命により御所へ参内し、天皇の御簾《みす》前で説法を行い、ご問法にお答えする光栄に浴した。（中略）その余栄を浴する法孫としては、法系を維持することで開祖の恩に報いようと念願するところである。

今般宗務本所当局の手によって起草され、近日中に文部省へ許可申請がなされる新宗制草案を弾劾《だんがい》するに、夢窓《むそう》国師の法系一本立てを建前として改編されようとしているが、明治六年以降の相国寺派は夢窓派のみではなく、夢窓派・虚応派・一絲《いっし》派・如大《にょだい》派によって構成されている。夢窓派一本立ては絶対に成立するはずもないのであり、これは宗制草案の根本的な誤りである。

少なくとも所轄と法階の二点については、従来の通り継続できるよう特例を設けることを切願する。

陳情書からは、宗教団体法公布を契機として所轄本山の廃止と法階授与の一元化を図った宗務本所の動きに対して、興聖寺側が激しく反発したことが読み取れます。前講で述べたとおり、「紀綱」編纂の際にも、所轄本山の地位を否定しようとした宗務本所に対抗して興聖寺が宗派離脱を試みる事態が発生し、折り合いをつけるために「大本寺」という寺格が興聖寺に与えられました。妥協を強いられた宗務本所としては、興聖寺の特別な地位を廃して寺班の序列に組み込む機会を「紀綱」編纂以後もうかがっていたのです。

興聖寺は、開山虚応円耳の法系を引き継いでいることを強調しています。明治三十八年（一九〇五）の国泰寺派独立一件においても、国泰寺は自らが法燈《ほっとう》派の法系であることを主張しました。所轄本山の側が自らの主体性を論じるときには法系が根拠として主張されたのです。

以上のような興聖寺の動きは、霊源寺と尼門跡寺院にも波及します。霊源寺の開山は沢《たく》庵宗彭《あんそうほう》の弟子である一絲文守《もんじゅ》であり、尼門跡寺院は臨済宗で初めての尼僧とされている無《む》外《がい》如大の法系に属しています。先の「陳情書」において、明治六年以降の相国寺派は夢窓派・虚応派・一絲派・如大派で構成されると述べられていましたが、これは霊源寺と尼門跡寺院の法系もあわせて主張されていたのです。昭和十五年九月十九日には、この六ヵ寺が連合して「大本寺」と尼門跡寺院の礼遇を古規慣例とおりにすべきとする宗制修正事項を相国寺派管長に建白しました。

この一件の結末は「大本山相国寺憲章」第二百十二条で述べられています。

興聖寺およびその末寺並びに霊源寺およびその末寺については、宗則に違背しない範囲において昭和十七年三月二十六日に大本山貫主対両者代表者間で交換された覚書の精神に基づいて待遇する。

両者は覚書を交わすことで再び妥協したのです。興聖寺と宗務本所が取り交わした覚書の内容は以下のとおりです。霊源寺と宗務本所も同様の文書を作成してます。

①興聖寺ならびにその末寺僧侶の法脈相承の方式は、大本山執事長の臨鑑の下に、開山夢窓国師像の真前で拝塔し、相国寺派管長猊下《げいか》に相見《しょうけん》挨拶することをもって、その式典挙行とみなす。

②興聖寺ならびにその末寺僧侶が納める法階義財の半額に相当する金額を中本寺護持費とし、大本山より興聖寺へ下附する。

③興聖寺住職選定に際しては、あらかじめ大本山に相談し、了解を求めるものとする。

①では、夢窓派法系の象徴である相国寺開山塔で興聖寺僧侶の法脈相承式を行うとさ

れており、「夢窓派一本建」を主張する相国寺派宗務本所の意向が通ったと評価できるでしょう。②では、法階昇進の際に宗務本所に納入する義財の半分を「中本寺護持費」として興聖寺に与えるとされており、興聖寺が新たに「中本寺」という寺格に位置づけられたことが分かります。

### 国有境内地の譲渡・払下

戦時体制において相国寺境内地のあり方も変貌を遂げました。そのことを説明する前に、明治維新以降の相国寺境内地の変遷を確認しておきたいと思います。

第一講・第二講で述べたとおり、明治四年（一八七一）の上知令によって境内地四万坪余りが国家に没収されますが、明治三十二年（一八九九）公布の国有林野法に基づいて相国寺が境外藪地の払い下げを申請した結果、二万八千坪余りが相国寺に戻ってきました。「相国寺境内明治初年以来の変遷概略」という史料に、昭和二年（一九二七）三月現在での相国寺所有地が**表21**のように列挙されています。

No.５境外所有地は、面積が多少異なるのですが、明治三十二年の国有林野法によって払い下げられた境外藪地と同一の土地です。No.１現境内は官有地第四種となっています。上知令で境内地のすべてが国に没収されたわけではないのですが、昭和二年の段階で墓地以外の境内地は官有地とされています。これは、明治七年十一月七日の太政官布告第百二十号で「寺院・大中小学校・説教場・病院・貧院等、民有地にあらざるもの」については官有地第四種と位置づけられたからです。地租改正によって土地は官有地・民有地のいずれかに区分されたのであり、官有地には地租が課されませんでした。ちなみに、官有地第一種は皇宮地・神地、第二種は皇族賜邸・官用地、第三種は民有地ではない山岳・丘陵などでした。

表21　昭和2年3月段階での相国寺所有地

| No. | 種　目 | 面　積 |
|---|---|---|
| 1 | 現境内（官有地第四種） | 44,059坪4合 |
| 2 | 御陵地（官有地第一種） | 177坪8合 |
| 3 | 御墓地 | 36坪3合5勺 |
| 4 | 墓地 | 1,404坪9合4勺 |
| 5 | 境外所有地 | 27,768坪2合5勺 |
| | 合計 | 73,446坪7合4勺 |

また、大正十年（一九二一）四月八日公布の国有財産法では、国が所有する動産・不動産を、公共用財産・公用財産・営林財産・雑種財産の四種類に区分して、第二十四条で雑種財産について次のように規定しています。

> 従前より引き続き寺院または仏堂の用に供する雑種財産は、勅令の定める所により、その用に供する間は無償で当該寺院または仏堂に貸し付けたものとみなす。

明治七年に官有地第四種とされた寺院の土地は、国有財産法では雑種財産と定義され、無償で寺院に貸与されているものと見なされたのです。

表22　譲与・売払申請地一覧

| No. | 譲与申請分 | |
| --- | --- | --- |
| 1 | 境内地使用分 | 37,250坪2合8勺 |
| 2 | 禅門高等学院 | 1,214坪0合7勺 |
| 3 | 染織試験場 | 967坪5合2勺 |
| | 合計 | 39,431坪8合7勺 |
| No. | 売払申請分 | |
| 1 | 成安女子学院 | 3,628坪9合9勺 |
| 2 | 烏丸商業学校 | 1,649坪7合 |
| 3 | 京都購買組合 | 348坪6合6勺 |
| 4 | 同志社大学 | 209坪6合8勺 |
| 5 | 同 | 3,296坪8合1勺 |
| | 合計 | 9,133坪8合4勺 |

以上のような経緯で国有地化された寺院の土地は、昭和十四年（一九三九）四月八日に公布された「寺院等に無償にて貸付しある国有財産の処分に関する法律」によって、寺院が国から譲渡、もしくは時価の半額をもって売払を受けることが可能になりました。この法律は、宗教団体法で寺院を法人と位置づけたことに伴い、法人としての財産を寺院に確立させるために作られたものです。

「寺院等に無償にて貸付しある国有財産の処分に関する法律」に従って、表22に示したような国有境内地の譲渡・売払を相国寺は申請します。譲渡申請分であるNo.1境内地使用分、No.2禅門高等学院敷地、No.3染色試験場敷地は、相国寺が宗教活動を目的に使用している土地なので譲与が認められました。売払申請分であるNo.1成安女子学院敷地、No.2烏丸商業学校敷地、No.3京都購買組合敷地、No.4・5同志社大学敷地は、公益的事業を行う団体に相国寺が貸している土地であるために売払となったのです。

この申請は、戦中の混乱で未確定のまま終わります。昭和二十二年四月十二日に、国は改めて「社寺等に無償で貸し付けてある国有財産の処分に関する法律」を公布しており、この法律に基づいて相国寺は再び申請を行いました。

**財団法人万年会の設立**

明治三十二年の国有林野法によって払い下げられた二万八千坪余りの境外所有地は、その後も相国寺の私有地として所有が認められていました。この土地をはじめとする諸資産を管理するために、昭和十六年九月二十五日に財団法人万年会が設立されます。

万年会が組織された意義は、山内の各塔頭がそれぞれ分割して所有していた境外所有地を本山が集中管理できるようにしたことにあります。そのことは、相国寺住職山崎大耕《やまさきたいこう》が夢窓疎石に誓約するという形式で作成された「万年会設立上告文」によく表現されています。

前に発布された宗教団体法の精神と、たまたま勃発した支那《しな》事変および第二次欧州大戦に伴う社会情勢の変革は、仏心両面の更なる整備強化なしには、教家本来の使命の達成を難しくしている。

総力戦体制が進展するという社会情勢の中で、寺院においても存立基盤を強化しなければならないという問題意識が生じたのでしょう。なお、万年会の管轄することになった境外所有地は二万六千五百七十一坪四合五勺であり、それ以外に有価証券などが管理下に置かれました。

## 禅門高等学院の設立

禅門高等学院とは、昭和八年（一九三三）に大徳寺・建仁寺・相国寺の三派合同で創設された学校です。昭和前期には、花園大学の前身である臨済学院専門学校以外に、宗門立の僧侶養成機関として、大正九年（一九二〇）に臨済宗各派黄檗宗聯合般若林《はんにゃりん》から改称された紫野中学校が上京区大徳寺町に存在していました。その紫野中学校の専修部という位置づけで禅門高等学院は発足しています。

昭和十年一月に母体の紫野中学校が経営難で廃校となり、同十一年五月に相国寺派の単独経営に移行します。さらに同十二年四月には相国寺境内へ移転しました。

昭和十七年の「禅門高等学院案内」には、「宗団法の施行と、臨済各派の合同と、青年学校令義務制の実施とは従来の組織に一大改革を必要とするに至った」と述べられています。「従来の組織」の「一大改革」とは、昭和十五年前後にまとめられた「禅門高等学院委託経営案」における次の項目を指していると考えられます。

①禅門高等学院は臨黄各派連盟経営とし、その経営方法は相国寺に一任する。

②連盟各派は応分の助成金を補助する。
③本学院に顧問を設け、連盟各派の宗務総長を顧問とし、重要事項につき諮問する。
④本学院に理事会を設け、理事を相国寺塔頭寺院住職中より選挙し、本学院の予算決算を審議し、その他重要事項を議決する。本学院の財務規定は別に定める。
⑤本学院の収支決算は毎年度各派に報告する。
⑥経営に関する細則は、各派より委員選出のうえ審議決定する。
⑦卒業生に対する待遇を一致する。

以上の七項目からは、禅門高等学院の運営を相国寺に委ねるとともに、臨済宗各派・黄檗宗全体で支える体制を構築しようとする意図がうかがえます。そのような意図は、先述した臨済宗合同への各派の動きと連動していたのでしょう。

## 5　臨済宗と相国寺派の戦争協力

最後に、臨済宗と相国寺派による戦争協力の実態を検討します。

### 臨済宗報国会の結成

臨済宗では、戦争協力組織である臨済宗報国会が結成されます。「臨済宗報国会規則」

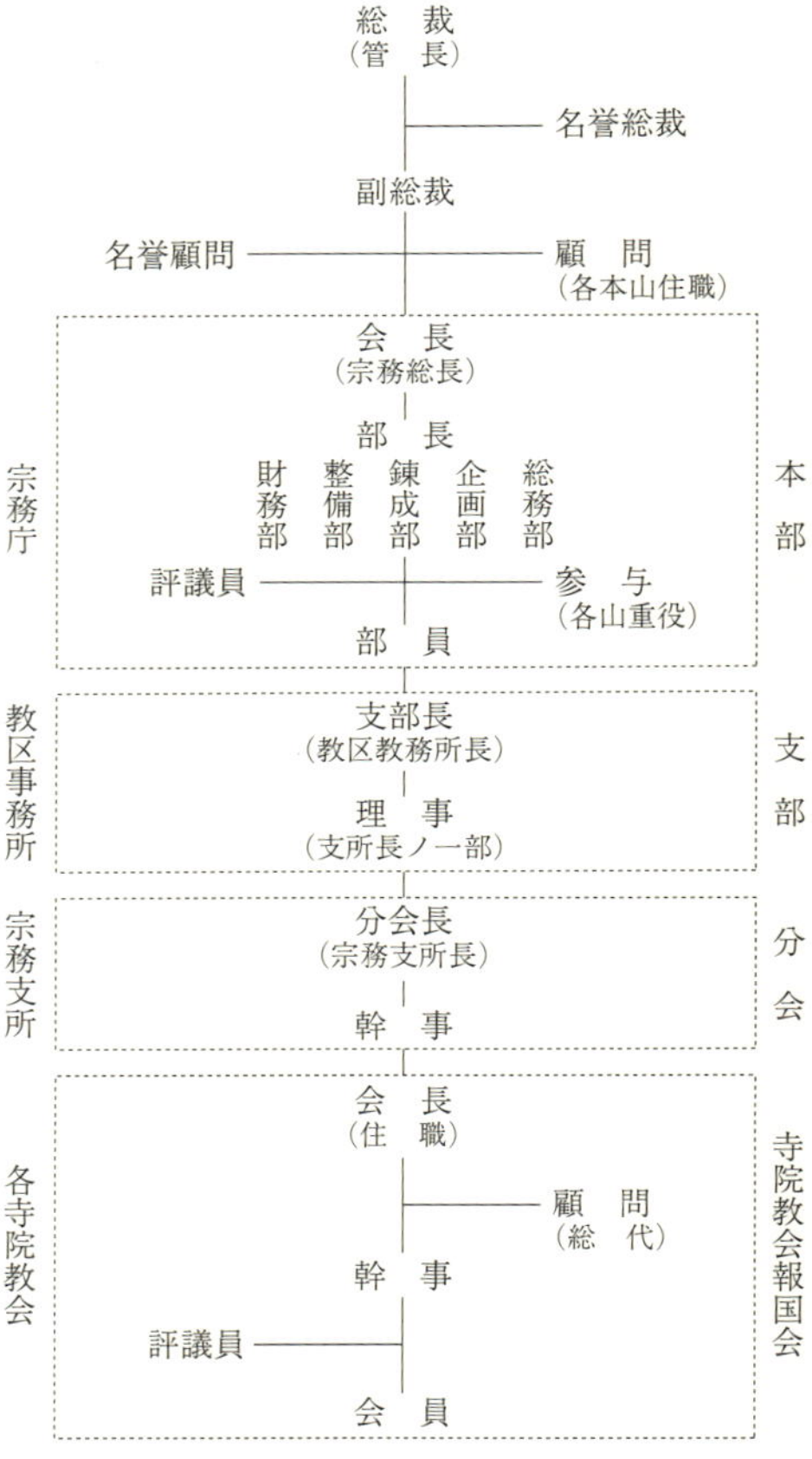


図9　臨済宗報国会組織表

第三条では、次のように述べられています。

本会は決戦態勢下に宗教報国の実を挙げるため、護国興禅の精神に則《のっと》り、挙宗一体教団の強化を図り、宗綱を振作《しんさ》し、教化を拡充することをもって目的とする。

「宗教報国」、すなわち宗教をもって国に報いるという考え方は、明らかに軍国主義的な意味合いを持っています。「護国興禅」は栄西《ようさい》の『興禅護国論』から取った表現ですが、禅宗の教えを利用して戦争協力を進める意図で作成された「臨済宗報国会規則」と『興禅護国論』とでは、同じ言葉を使っていても意味するところがまったく異なります。

「臨済宗報国会規則」には組織図が示してあります。それを引用したのが図9です。総裁が管長、会長が宗務総長であり、本部は臨済宗宗務庁です。各都道府県を単位とする教区に支部が置かれ、末端の寺院住職は寺院教会報国会の会長になりました。臨済宗の組織がそのまま報国会となり、まさに総動員体制で戦争協力をしたことが読み取れます。

## 『興亜の基調と禅』

相国寺も独自の立場で戦争協力を行いました。そのあり方を端的に示す史料として、昭和十五年（一九四〇）に相国寺教学部が刊行した『興亜の基調と禅』（写真37）という小冊子を挙げることができます。「興亜」という概念は、日本のアジア諸国に対しての植民地支配を正当化した大東亜共栄圏の思想に直結したものでした。

『興亜の基調と禅』の「発刊の辞」から、特徴的な文章を次に抜き出します。

今や我国が興亜の大業を完遂しようとするにあたり、国民の最急務とする所は心胆の練磨にあり。心胆の練磨は我が禅でなければ透徹することはできない。

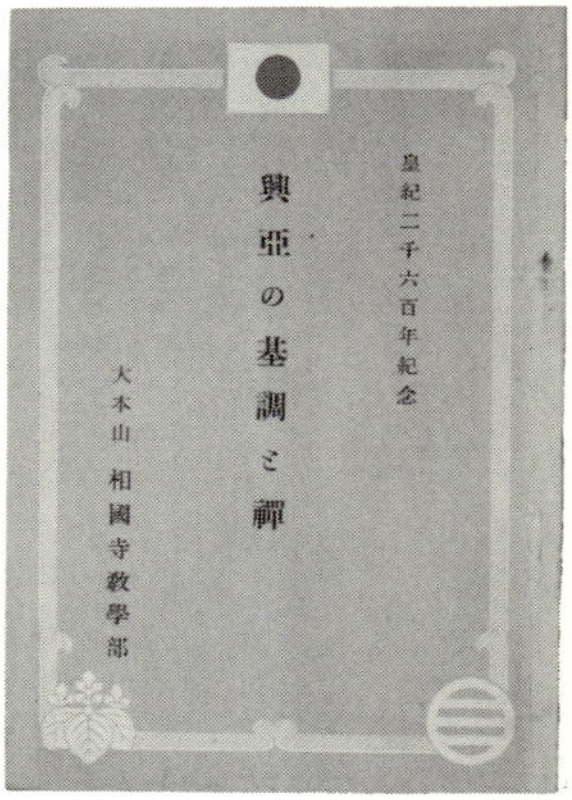

写真37『興亜の基調と禅』

禅の修行をすることが、そのまま戦争協力につながるという位置付けがされています。現在相国寺では維摩《ゆいま》会という一般向けの坐禅会が行われていますが、『興亜の基調と禅』では、維摩会について、元長州藩士で陸軍中将を務めた鳥尾《とりお》得庵《とくあん》（鳥尾小弥太《こやた》）が明治十四年（一八八一）に創始した在家禅道修養機関であること、教学部が時局に鑑《かんが》みて興亜精神普及の一助とするために拡充したことが述べられています。

## 6　まとめ

**「大正デモクラシー」と宗派自治**

本講の内容をまとめます。

戦時体制の下で、聯合布教団や臨黄合議所のような各宗派の連合体は国家統制の枠組みに取り込まれ、十三派合同の臨済宗と臨済宗報国会の成立に結びつきました。臨済宗各派・黄檗宗の「大正デモクラシー」状況における諸活動は、総力戦体制の構築とともにファシズムの基盤に転化してしまったと評価せざるを得ません。

しかし、小畠文鼎を中心とする相国寺派の僧侶たちが、あるべき宗派の姿を求めて編纂した「紀綱」は、時代の制約を伴うものであったとしても、大正期における宗派自治の発現としてその価値が認められるべきだと私は考えます。国家統制の強化に対して大きな抵抗をしなかったという事実から、宗派の権力への迎合を指弾することは容易ですが、近代社会における国家や戦争というものの重さも合わせて考慮すべきだと思います。

### 総力戦体制と戦後の宗派運営

戦時体制は、戦後の相国寺派運営の基本的枠組みを用意しました。そのことを象徴しているのは現在も存続している万年会の設立です。資産を集中管理するという発想は、総力戦体制においてこそ生み出されたものであり、それが戦後の相国寺派の発展に寄与したという事実は否定はできないと思います。

また、禅門高等学院も、僧侶養成の専門学校として戦後に存続する可能性がありましたが、昭和二十年（一九四五）に院長兼教授の小畠が死去したこともあり、昭和二十年代前半に廃校となっています。戦時体制における宗派の実態を検討することは、現在のあり方を考えるうえで意味するところが大きいといえるでしょう。

# 第四講　宗教法人法の成立と古都税反対運動

## 1　宗教法人法の成立

### GHQによる民主化政策

昭和二十年（一九四五）八月十五日、戦争終結の詔書が天皇より出されます。これによって、アジア太平洋戦争は日本の敗戦という形で結末を迎えました。連合国は、日本の占領を実施するためにGHQ（連合国軍最高司令官総司令部）を設置し、民主化を進めるための諸改革を打ち出しました。宗教に関しても以下の改革が実施されています。

昭和二十年十二月十五日に、国家神道・神社神道に対する政府の保証・支援・保全・監督ならびに弘布を廃止することを内容とする神道指令が発せられました。この指令によって、戦前の日本を支えた国家神道体制は解体されたのです。

続いて、同年四月一日に天皇の人間宣言が出されます。宣言の冒頭で、天皇をもって現御神《あきつみかみ》とし、かつ日本国民をもって他の民族に優越する民族にして、更には世界を支配すべき運命を有すという架空の観念に基づくものではない、と述べられ、天皇自らが神格化を否定したのです。天皇の人間宣言によって、天皇と国民の関係は戦前のような単なる神話や伝説に基づくものではなく、相互の信頼と敬愛によって成り立つものであることが表明されました。

さらに、同年十一月三日には日本国憲法が公布されます。第二十条において宗教に関わる以下の三項目が定められました。

①信教の自由は、何人に対してもこれを保障する。いかなる宗教団体も、国から特権を受け、又は政治上の権力を行使してはならない。
②何人も、宗教上の行為、祝典、儀式又は行事に参加することを強制されない。
③国及びその機関は、宗教教育その他いかなる宗教的活動もしてはならない。

この三項目をもって、大日本帝国憲法第二十八条とは異なる、完全な意味での信教自由・政教分離原則が定められたのです。

**宗教法人令の公布**

昭和二十年十二月二十八日に、ＧＨＱによる諸改革の一環として宗教団体法が廃止され、同日に宗教法人令が公布されます。宗教法人令は法律ではなく勅令で出されており、条文は全十八条です。信教自由原則の障害になるような規定を削った結果、宗教法人令は宗教団体法の全三十七条よりも短いものになりました。

宗教法人令の主な内容を列挙します。

第一条では、神道教派（以下教派と略）・仏教宗派（以下宗派と略）・基督教《キリスト》その他の宗教の教団（以下教団と略）と、神社・寺院・教会は法人となることができると定められています。国家神道体制が解体されたことにより神道教派には神社神道も含まれました。

第四条では、教派・宗派・教団は主たる事務所の所在地において、神社・寺院・教会はその所在地において設立の登記をすることによって法人として成立すると規定されています。宗教法人設立の要件が満たされた場合には、登記すれば宗教法人が当然に成立するという準則主義を採用したのです。

この準則主義によって、宗教法人の数が激増することになります。宗教法人令第十六条では「宗教法人には命令の定むる所により所得税および法人税を課せず」と定められていることもあり、新制度の悪用・濫用が多発しました。

## 宗教法人法の公布

以上のような宗教法人令の欠陥を解消するために、昭和二十六年四月三日に宗教法人法が公布されます。全八十九条ありますが、主な条文について紹介します。

第一条では法の目的が述べられています。

この法律は、宗教団体が、礼拝の施設その他の財産を所有し、これを維持運用し、その他その目的達成のための業務及び事業を運営することに資するため、宗教団体に法律上の能力を与えることを目的とする。

目的において、宗教団体に「法律上の能力」、すなわち民法における契約行為などの主体となるための権利能力（法人格）を与えるための法律であるとされている点が、宗教法人法の最大の特徴です。

第一条には第二項があり、次のように定められています。

憲法で保障された信教の自由は、すべての国政において尊重されなければならない。従って、この法律のいかなる規定も、個人、集団又は団体が、その保障された自由に基いて、教義をひろめ、儀式行事を行い、その他宗教上の行為を行うことを制限するものと解釈してはならない。

日本国憲法第二十条の趣旨を踏まえ、宗教法人法のいかなる規定も宗教活動を制約することはできないとされています。宗教法人が違法行為を行った場合は、他の法人と同様に

表23　宗教法人法における宗教法人規則の記載事項

| No. | 記載事項 |
|---|---|
| 1 | 目的 |
| 2 | 名称 |
| 3 | 事務所の所在地 |
| 4 | 設立しようとする宗教法人を包括する宗教団体がある場合には、その名称および宗教法人・非宗教法人の別 |
| 5 | 代表役員、責任役員、代務者、仮代表役員および仮責任役員の呼称、資格および任免ならびに代表役員についてはその任期および職務権限、責任役員についてはその員数、任期および職務権限、代務者についてはその職務権限に関する事項 |
| 6 | 前号に掲げるものの外、議決、諮問、監査その他の機関がある場合には、その機関に関する事項 |
| 7 | 第６条の規定による事業（公益事業のこと）を行う場合には、その種類および管理運営（同条第２項の規定による事業を行う場合には、収益処分の方法を含む。）に関する事項 |
| 8 | 基本財産、宝物その他の財産の設定、管理および処分（第23条但書の規定の適用を受ける場合に関する事項を定めた場合には、その事項を含む。）、予算、決算および会計その他の財務に関する事項 |
| 9 | 規則の変更に関する事項 |
| 10 | 解散の事由、清算人の選任および残余財産の帰属に関する事項を定めた場合には、その事項 |
| 11 | 公告の方法 |
| 12 | 第５号から前号までに掲げる事項について、他の宗教団体を制約し、または他の宗教団体によって制約される事項を定めた場合には、その事項 |
| 13 | 前各号に掲げる事項に関連する事項を定めた場合には、その事項 |

刑法によって罰せられるのであり、宗教法人法に宗教活動を取り締まる機能は持たされませんでした。

第十二条では、宗教法人を設立しようとする者は表23に掲げる事項を記載した規則を作成し、所轄庁の認証を受けなければならないと定められています。規則についての認証申請を受けた所轄庁は、その申請が要件を備えているか否かを三ヵ月以内に確認し、要件を備えていた場合は認証する必要があります。そして、主たる事務所の所在地で設立の登記をすることによって宗教法人は成立します。

表23の諸事項のうち、行論との関係で№5「代表役員・責任役員」について説明しておきます。この二つの役員については第十八条に規定があり、宗教法人には三人以上の責任役員を置き、そのうち一人を代表役員にしなければならないとされています。代表役員・責任役員は宗教法人における役職であり、寺院に元来存在している住職・檀家総代とは異なります。代表役員を住職が兼ねる場合がほとんどですが、両者が違う人物である寺院も存在します。

## 相国寺における諸規則の制定

宗教法人法に基づいて、相国寺派では「宗教法人臨済宗相国寺派規則」全五十二条がま

表24　昭和24年臨済宗相国寺派宗制目次

| | | | | |
|---|---|---|---|---|
| 第１章 | 総則 | | | 第１条～第13条 |
| 第２章 | 目的 | | | 第14条 |
| 第３章 | 名称 | | | 第15条 |
| 第４章 | 事務所の所在地 | | | 第16条 |
| 第５章 | 主管者 | | | 第17条 |
| 第６章 | 布教および法要 | 第１節 | 布教 | 第18条 |
| | | 第２節 | 法要 | 第19条～第21条 |
| 第７章 | 組織 | 第１節 | 管長、住職 | 第22条～第38条 |
| | | 第２節 | 管長、住職代務者 | 第39条～第40条 |
| | | 第３節 | 宗務本所 | 第41条～第54条 |
| | | 第４節 | 宗務支所 | 第55条～第66条 |
| | | 第５節 | 宗会、評議会、代議員会および法階審議委員会 | 第67条～第108条 |
| 第８章 | 寺院および僧侶 | 第１節 | 寺院および教会 | 第109条～第131条 |
| | | 第２節 | 住職 | 第132条～第161条 |
| | | 第３節 | 教師 | 第162条～第169条 |
| | | 第４節 | 僧侶 | 第170条～第191条 |
| 第９章 | 檀信徒および総代 | 第１節 | 檀信徒 | 第192条～第196条 |
| | | 第２節 | 総代 | 第197条～第200条 |
| 第10章 | 褒賞 | | | 第201条～第207条 |
| 第11章 | 財務 | 第１節 | 財産およびその管理 | 第208条 |
| | | 第２節 | 香資、志納金および法恩金 | 第209条～第212条 |
| | | 第３節 | 予算および決算 | 第213条～第222条 |
| | | 第４節 | その他の財務 | 第223条～第228条 |
| 附則 | | | | 第229条～第235条 |

とめられ、昭和二十七年（一九五二）十月一日に文部大臣の認証を受けました。相国寺の規則である「宗教法人相国寺規則」全四十六条も、同年十二月六日に京都府知事により認証されています。

この二つの規則とは別に、相国寺派の自治規定として、昭和二十四年五月十五日に「臨済宗相国寺派宗制」が制定されています。全二百三十五条であり、表24に示したように十一章構成となりました。

## 2　金閣の焼失と再建

### 金閣炎上

昭和二十五年（一九五〇）七月二日未明、鹿苑寺境内で室町時代から残る唯一の建築であり、国宝指定されていた金閣が全焼します。前年の一月二十六日に法隆寺の金堂で火災が発生して奈良時代に作成された壁画が焼損したことを契機に、五月三十日に文化財保護法が制定された矢先の事件でした。火災の原因が放火であり、犯人が鹿苑寺の徒弟であったことが社会に衝撃を与え、三島由紀夫《みしまゆきお》の『金閣寺』や水上勉《みずかみつとむ》の『金閣炎上』など、文学作品の題材にこの事件が取り上げられました。

写真38　焼失後の金閣

火災発生から一ヵ月後の八月二十日に、京都市消防局発行の『京都消防』八月号が「金閣炎上特集」を組んで事件を詳細に分析しています。この特集に基づき金閣炎上の経緯を振り返ります。

金閣の出火は七月二日午前二時三十分に推定されています。金閣一層西側に何者かが布団や蚊帳《かや》、書籍等を積み上げて火を放ったことが原因でした。前年の法隆寺金堂火災を受けて、金閣内部に火災報知器が設置されていたのですが、出火当時は故障のために機能を発揮することができず、火災の発見が遅れました。

京都市消防局の火災覚知は三時七分、上京消防署室町出張所の望楼から署員が火の手を発見しました。直ちに上京・中京・右京・左京消防署の消防隊十一隊が現場に急行します。最初に鹿苑寺表参道に到着したのは右京消防署先発隊でした。寺側には住職村上慈《むらかみじ》海《かい》以下十六名がいましたが、金閣は庫裏《くり》から八十メートル離れた独立建物であったことから出火を知らず就寝しており、消防車のサイレンで始めて火災であることに気づいたのです。

消防車の到着当時、総門が開いておらず、門の石段に足場が掛かっていなかったことから進入に時間を要し、鏡湖池《きょうこち》を水利としてポンプ車三台による放水を開始したのが三時二十三分、もはや火炎は金閣の屋根を貫き一面は火の海と化していました。必死の消火活動にもかかわらず、金閣は一層・二層の骨組みを残してほぼ全焼し、四時に鎮火しました（写真38）。住職以下、寺の人々は呆然《ぼうぜん》と見守るのみで、手の施しようがなかったのです。

**犯人の逮捕と動機**

鎮火後の現場検証で失火はありえないことが確認され、放火の疑いが強まりました。すぐに消防が寺内の居住者と出入関係者を調査したところ、徒弟である林 養賢《はやしようけん》の姿が見えないことが分かります。警察は指名手配を行うとともに鹿苑寺裏山一体を捜索しました。そして、午後七時ごろに左大文字山の山腹で服毒自殺を図り昏睡《こんすい》状態にあった林が発見されたのです。

林は逮捕され、京都第二赤十字病院で手当てを受けた後に、警察からの尋問に対して放火を自供しました。しかし、動機について明確にせず、自己嫌悪、美への嫉妬、金閣とともにする焼死、社会への反感などを散漫に述べるのみでした。

住職の村上は『京都消防』に「御詫びと御礼」と題する一文を寄せています。以下はその一節です。

一石を水に投ずると波紋は次から次へと影響を与えるごとく、法界《ほっかい》は無尽に縁起してゆくと申しますが、一人の業念《ごうねん》が一本のマッチとなり、消防署、警察の方々は申すに及ばず、世間皆々の人々に迷惑をおかけする結果となり、風なきに波を起して大騒がせをいたして誠に相済みません。人の悪い一念の及ぼす怖しさに身ぶるい致して居ります。その一念の火を鎮め得なかった身分の不徳無力、深く慚愧《ざんき》反省自戒して居りますが、世間に対して何辺(遍)お詫びしてもお詫びし尽せません。御慈悲とお情けをお願い申す次第であります。

自身の徒弟が放火に及んだことに対して、慚愧に堪えない村上の気持ちがにじみ出ています。京都博物館長の富岡益五郎《とみおかますごろう》は、『京都消防』に寄稿した「金閣の放火に因《ちな》んで」において次のように論評しています。

金閣の場合、貴重な美術的価値を有する世界的な文化遺産を喪滅せしめて置いて、そのような反社会的行為の中に自己肯定の理由を見出そうというのは言語同断(道)というべきである（中略）主体性の確立は、自己否定を最初の契機としなければならないのに、他者の存在を否定することによって独断的に自己の絶対性を主張しようとしても不可なことである。これは正常な精神の働きとは云われない。

林の動機が解明されなかったことから、この事件の評価は様々に分かれましたが、自己の内面の問題を解決するために貴重な文化遺産を焼失せしめる行為は許されないとする富岡の文章が一般的な見解を示しているといえます。

**金閣再建**

村上は、失火の責任に苦悩しつつも金閣再建運動に立ち上がります。まず資金を集めるために、村上は自らが先頭に立って京都市内・大阪市内で托鉢《たくはつ》を行いました。京都市内の托鉢は昭和二十五年十一月二十三日から二十五日までの三日間であり、参加者は相国寺派管長山崎大耕《やまさきたいこう》以下四十名、初日は中京区、二日目は上京区、三日目は下京区の各所を回りました。大阪市内の托鉢は翌年一月十一日・十二日に実施されています。また、同月に村上の名による「金閣復興趣意書」が作成され、浄財の喜捨が広く呼びかけられました。

金閣再建の工事は、昭和二十五年九月三十日の再建用簀屋根《すやね》（雨風を避けるための覆《おお》い）設置から始められました。同二十六年十月に再建用材が名古屋の白鳥駅木材置場から鹿苑寺に運ばれ、同二十七年三月二十二日に起工式が実施されます。さらに同二十八年九月二十六日に立柱式が行われ、本格的な着工となりました。工事は順調に進捗し、同二十九年九月には上棟式が挙行されています。その後、外装の金箔押工事などが進められ、同三十年十月十日に落慶法要を迎えることになったのです。

復興のために集まった金額は三千三百三十万円余りであり、国・京都府・京都市からの補助金が千三百五十万円、鹿苑寺からの負担が九百五十四万円余り、雑収入が三十七万円余りで、残りの九百八十八万円余りは志納金でした。志納金は、国内はもとより、アメリカ・オーストラリアなどの諸外国からも寄せられ、志納者は二万人を突破しました。多くの人々の善意によって金閣は在りし日の姿を取り戻したのです。

## 3　銀閣寺事件

### 事件の概要

宗教法人法が制定されてから五年後の昭和三十一年（一九五六）に、相国寺派を揺るがす大事件が発生しました。一般に銀閣寺事件と呼ばれる一件です。発端は、慈照寺住職・宗教法人慈照寺代表役員であった菅月泉《すがげつせん》が、預かり保管中の寺の現金を自らの借入金返済などに使用したことでした。まず、事件の経緯を振り返りたいと思います。

昭和三十一年二月、産業経済新聞による報道で事件が発覚します。社会的に大きな問題となり、京都府警が捜査に乗り出しました。事件の責任を取るために、五月一日に菅は住職を辞職します。それと同時に、相国寺派管長大津《おおつ》櫪堂《れきどう》が特命住職として慈照寺住職を兼務することになります。ちなみに、相国寺住職が鹿苑寺・慈照寺住職を兼務するという現在の相国寺派の体制は、銀閣寺事件を契機に始まったものです。

菅は辞表を提出しましたが、すぐに辞意を撤回します。改めて相国寺派として処分を行うために、昭和三十二年三月十日に宗会および法階審議会の決議により菅の法階を首座《しゅそ》に降階しました。法階が首座の場合には住職の資格がありませんので、事実上の住職罷免処分であったと評価できます。

京都府警による捜査の結果、昭和三十一年十月六日に本事件は業務上横領事件として京都地方検察庁より起訴され、刑事裁判になります。同三十五年三月十六日に京都地方裁判所の判決が出まして、被告人菅は無罪となりました。

刑事裁判とは別に、慈照寺住職および宗教法人慈照寺代表役員・責任役員の地位確認を求めて菅は民事裁判を起こします。昭和三十五年十一月三十日に京都地方裁判所の第一審判決が出まして、原告菅は敗訴します。すぐに控訴されまして、同四十一年四月八日に大阪高等裁判所から第二審判決が出ます。そこでは、代表役員・責任役員の地位については確認されて原告菅勝訴となったのですが、住職の地位確認は却下されました。

本事件は上告されますが、昭和四十四年七月十日に最高裁判所は上告を棄却します。裁判はやり直しとなり、同四十九年四月二十六日に京都地方裁判所の判決が出まして原告菅が勝訴します。さらに控訴されるのですが、同五十四年四月十六日に菅が死去したことにより、菅の妻と相国寺派が和解することで裁判は終結しました。実に四半世紀にわたって争われた裁判でした。

**刑事裁判における争点**

銀閣寺事件は刑事裁判と民事裁判の両方で争われました。まず、刑事裁判の争点について分析します。

本裁判は、業務上横領の要件が成立しないということで無罪になっています。次の史料は、京都地方裁判所の判決から無罪の根拠部分を引用したものです。

三、業務上横領の犯意の存否

慈照寺を含む大多数の宗教法人たる寺院には、従来から寺院の収入は、寺院の維持経営の費用に充てられると共に、残余の部分は、すべて住職個人の所得又は費消しうべきものとし、これが、生職(住)、及びその家族の生計費等に充てられるという慣行が存在し、宗教法人法施行後も、大部分の寺院は、依然、右慣行に従って財産管理をなして

いることは、前叙《ぜんじょ》第三の二の㈠㈡項において認定した通りである。（中略）
しかして、新宗教法人設立後も、大多数の寺院は、従来の慣行に従った財産管理をなしており、被告人は、宗教法人法、慈照寺規則における普通財産管理に関する諸規定について、明確な知識を有していなかったことから、右法規の存在に拘《かかわ》らず、前叙慣行の正当性を信じ、且《か》つ、右慣行に従って、慈照寺の普通財産を処分すべき権限ありと誤信するに至り、右法規所定の手続によることなく、従来の慣行通り、自由に、同寺の普通財産を処分し来り、本件前認定の各費消行為に出でたものであることが認められる。
ところで、諸法規は、被告人の同寺の代表責任役員としての、普通財産処分の権限に関するものであるから、被告人において、前叙費消行為をなすにつき、その権限がなかったとしても、被告人は、これについて認識を欠いたことにおいて、刑法第二五三条の罪の構成要素たる事実の錯誤《さくご》を生じたものであつて、被告人が右誤信したことについて、相当の理由の有無を問わず、犯意を阻却《そきゃく》するものといわなければならない。
判決の内容を要約します。まず、元来寺院会計は公私が不明瞭であり、どこまでを寺院維持経営のための費用とし、どこまでを住職個人の収入とするかの区分を曖昧《あいまい》にする慣行が存在していたこと、宗教法人法・慈照寺規則が財産管理を義務づけているにもかかわらず、菅はその認識を欠いており、従来の慣行に従って慈照寺の普通財産を個人的に使ったことが述べられています。

そして、「刑法第二五三条の罪の構成要素」、すなわち、「業務上自己の占有する他人の物を横領」することは、慈照寺の財産を「他人の物」であるという認識を欠いたまま菅は使い込んだのであるから、本件においては成立しない。そもそも菅には業務上横領の意思がなかったので無罪であるという結論を下しています。

この裁判では、判決までの四年間で四十回の公判が行われ、多くの証人に尋問が行われました。始めのころの公判では事件の利害関係者が呼ばれていましたが、途中で尋問の性格が変わり、銀閣寺事件は宗教法人法の立法趣旨に鑑みるとどのように評価できるのかという問題が注目されるようになります。そして、裁判所は以下の文部省関係者三名を呼んで尋問を行いました。すなわち、元文部省宗教局長下村寿一《しもむらじゆいち》、元文部省大臣官房宗務課長篠原義雄《しのはらよしお》、文部省宗務課長補佐であり、後に『宗教法人法の基礎的研究』を著した井上恵行《いのうえぎよう》です。三人の尋問調書のうちで、宗教法人法の立法に中心的な役割を果たした篠原のものがもっとも興味深いので、主要な部分を以下に引用します。

事実上の問題といたしましては、当該住職が清浄な人であるならば、自分の社会的活動によって得たところの収益をもってしてお寺を育てていく。運営していく。ですから個人の所得と浄財等による収入とを多くの場合は一本にしておるというのが普通じゃないか。（中略）その収入を二つに区分して云々するということは、どこの寺、お宮に関する限りは常識的に考えてもちょっとおかしいと思います。（中略）とくに信仰、宗教というものは基本においては道徳を根拠づけておるんだと私は思っております。

この証言からは、宗教法人法の精神が端的にうかがえます。立法者の篠原は、法律が宗教者を規制するのではなくて、それとは全く逆に、宗教者が社会に対して規範を示すものだと考えているのです。無罪判決は、このような証言も踏まえたうえで出されたのです。

**民事裁判における争点**

続いて、民事裁判における争点を検討します。相国寺派は、萱を首座に降階して事実上の住職罷免処分を行ったことを先述しました。そのような迂遠《うえん》な判断をせずに、僧侶に相当しない行動を取ったという理由で萱を剥職《はくしょく》奪階すべきであったのですが、それは不可能でした。なぜならば、先に掲げた**表24**（二四四頁）から明らかなように、昭和二十四年「臨済宗相国寺派宗制」には懲戒規定が存在しなかったからです。懲戒規定がないにもかかわらず事実上の住職罷免をしたことの不当性について、第二審判決が次のように指弾しています。

（前略）ところで、本件降階処分当時、規則、宗制に剥職降階等の懲戒ないしは制裁に関する規定がなかったことは被控訴人らの自陳するところである。寺院が他律的なものとして、宗派の主管者、代表者たる管長の独裁的な支配監督に服していた往時はいざ知らず、宗教法人法によって寺院の自主性、自律性が認められるに至った現在、宗派規則、宗制、寺院規則に何ら明文がないのにもかかわらず、宗派管長に、末寺の住職、従ってその代表役員、責任役員たる地位を剥奪するような降階処分が、懲戒ないしは制裁として許されるかどうかは頗《すこぶ》る疑問であり、宗教法人法が一二条一項一二号、一八条五項の相互規定により寺院の自主性、自律性を保障した趣旨よりすれば、むしろこれを否定するのが相当であると解する。（後略）

判決では、宗派管長が明文の規定に基づかずに懲戒の権限を行使することは、宗教団体の自治を尊重する宗教法人法の趣旨から鑑みても職権の濫用《らんよう》であり許されないと述べられています。

また、民事裁判を通じて萱の辞職が本人の真意に基づくものか否かが大きな争点になりました。真意でなければ、民法九十三条に規定される心裡《しんり》留保《りゅうほ》（意思表示をする者が、自分の真意でないことを承知しながら、故意に偽りの表示をすること）に該当し、辞表は無効になります。先述したように、第二審判決では、菅の辞意が真意でなかったと判断して責任役員・代表役員の地位確認については認めますが、住職の地位確認については却下しました。その理由は、住職の地位が宗教法人法に基づくものではなく、宗制で定められた「組織法的な地位」であったからです。

第二審判決からは、責任役員・代表役員の地位と住職の地位との間にねじれが発生したことが分かります。降階処分によって慈照寺住職から菅を罷免したことに対して、大阪高等裁判所は明確な批判を加えました。しかし、宗制に依拠する住職の地位に菅を復帰させる判決を下すことは、法律上の問題ではないという理由から避けられたのです。

宗教法人法は、宗教団体の自主性・自律性を重んじる形で制定されました。よって、僧侶が道徳に反する行動を取った場合は、司法の判断を待つまでもなく、宗派自らが宗制に基づいて処罰する必要があったのです。その根拠となる懲戒規定を宗制制定の際に除外してしまった相国寺派の判断が、銀閣寺事件に混迷をもたらした大きな原因であったと評価できるでしょう。

## 4　文化観光施設税・文化保護特別税の導入

### 文化観光施設税導入

昭和三十年代は、宗教法人法の成立に伴い戦後における宗教団体のあり方が確立された時期であり、その過程で様々な問題が発生しました。銀閣寺事件は相国寺派内部の運営が問われた一件でしたが、行政と相国寺派との関係においても画期になるできごとがありました。それは、拝観料に対して課税することを目的とした京都市による文化観光施設税（以下、文観税と略）・文化保護特別税（以下、文保税と略）の導入です。

まず、文観税導入の経緯について検討します。文観税の実施が政治日程にあがったのは、京都市長の高山義三《たかやまぎぞう》が「観光税」実施の方針を表明した昭和三十一年（一九五六）四月二十三日でした。銀閣寺事件についての報道を京都新聞が行ってから三日後であり、京都市が方針発表のタイミングをうかがっていたことが分かります。

京都の社寺は、現在は「京都非公開文化財特別公開」の実施主体になっている京都古文化保存協会（以下、古文協と略）を通して文観税に対しての反対運動を展開しました。古文協は、昭和二十三年（一九四八）十二月十六日に京都国宝保存協会と京都名園保存協会が合併して結成されたもので、社寺など二百近い団体が加盟していました。

五月十九日に、古文協は拝観料に対する「観光税」課税について絶対反対の意志を示しました。さらに、六月二十三日には次の声明を出しています。

一、観光施設の整備に対しては協力を措《(惜)》しまないが、社寺を対象とする観光税にはあくまで反対する。

一、従来の社寺拝観は単なる観光と目された為に観光税の対象となったことはまことに遺憾《いかん》である。我らは今後宗教本来の面目を発揮し、参拝者を中心としての社寺の在り方に復元する。

単なる観光ではないものに拝観を復元するという声明の趣旨を実行するために、市内で拝観料を徴収する三十五ヵ寺が拝観料全廃の決議を行います。

七月十八日に京都市と古文協との懇談会があり、京都市が「観光施設税」案を説明しますが、古文協の反対によって物別れに終わります。そして、古文協の理解を得られないまま、七月二十日に京都市は「観光施設税」案の公表に踏み切りました。骨子《こつし》は以下の二点です。

①市が指定した文化観光財を有料で観覧しようとする者に一回十円（子供は五円）を課税する。

②特別徴収義務者（社寺）が市に代わって税金を徴収し市に納入する。

表25　文化観光施設税の文化観光財

| No. | 文化観光財 |
|---|---|
| 1 | 恩賜元離宮二条城 |
| 2 | 三千院の書院、庭園 |
| 3 | 寂光院の書院、庭園 |
| 4 | 慈照寺の銀閣、東求堂、庭園 |
| 5 | 平安神宮の庭園 |
| 6 | 知恩院の大方丈、小方丈、三門、庭園 |
| 7 | 青蓮院の殿舎、庭園 |
| 8 | 清水寺の舞台 |
| 9 | 妙法院の蓮華王院本堂（三十三間堂） |
| 10 | 醍醐寺の宝聚院、三宝院の殿舎、庭園 |
| 11 | 西芳寺の湘南亭、潭北亭、庭園 |
| 12 | 天龍寺の方丈、庭園 |
| 13 | 大覚寺の殿舎、庭園 |
| 14 | 広隆寺の講堂、霊宝殿 |
| 15 | 龍安寺の茶室、庭園 |
| 16 | 鹿苑寺の金閣、夕佳亭、庭園 |
| 17 | 仁和寺の御殿、霊宝館、庭園 |
| 18 | 東福寺の山門、方丈、通天橋、庭園 |
| 19 | 曼殊院の書院、八窓席、庭園 |
| 20 | 財団法人霊山観音会の観世音菩薩像 |

「観光施設税」は、拝観料による社寺の収入に対して直接税を課すのではなくて、拝観料に税を上乗せする形が取られることになりました。

七月二十五日に、古文協は反対運動を強化するために以下の三つの措置を取ります。すなわち、無料公開・無料制限公開（境内の一部を公開）・信者以外の拝観謝絶です。このような社寺側の反対にもかかわらず、八月十四日に京都市議会（京都市の市議会は「市会」が正式名称であるが、本書では「市議会」とする）総務委員会で文観税条例が可決されます。税の対象になったのは表25に示した二十ヵ所の社寺などでした。No.2が「三千院の書院、庭園」となっていることから分かるように、文化観光財の観賞に対して課税することが条例の趣旨ですので、各社寺における観賞の対象物が指定されたのです。

八月十七日に京都市議会本会議で文観税条例は可決されますが、期間が七年半に限定されました。それを受けて京都市は京都府を通じて自治庁（自治省の成立は昭和三十五年）に許可申請を行いますが、条例の円滑な実施を危ぶんだ京都府は、一ヵ月ほど判断を遅らせて九月十三日に自治庁に申請します。

社寺側と京都市との対立は激化しましたが、自民党の有力者である河野《こうの》一郎《いちろう》が調停に乗り出したこともあって、九月二十九日に自治庁は正式許可を出します。鹿苑寺・慈照寺など十ヵ寺は条例成立後も徴税に抵抗しますが、十二月五日に市と覚書を交わして協力に転じました。

## 文化保護特別税導入

昭和三十九年（一九六四）三月、文観税の期限切れに伴い京都市は新税（文保税）の導入を図ります。その際に行われた話し合いで、税に相当する金額を寄附金で納めたいと社寺側は提案しましたが、京都市は拒否しました。

社寺側の反対を押し切り、三月二十七日に京都市議会は文保税条例を可決します。条例可決を受けて、あくまで徴税に反対する十一ヵ寺は四月五日に次の声明文を発表します。

吾等十一ヶ寺は憲法に保障せられた信教の自由を確保するため、今回京都市会において可決された文化保護特別税に対し、絶対反対を表明すると共に、同税の特別徴収義務者たることを拒否いたします。

六月五日に、自治省は文保税条例を認可します。そして七月二十六日に、京都市と十一ヵ寺が「覚書」（写真39）を交わすことによって徴税が開始されました。「覚書」の冒頭では、

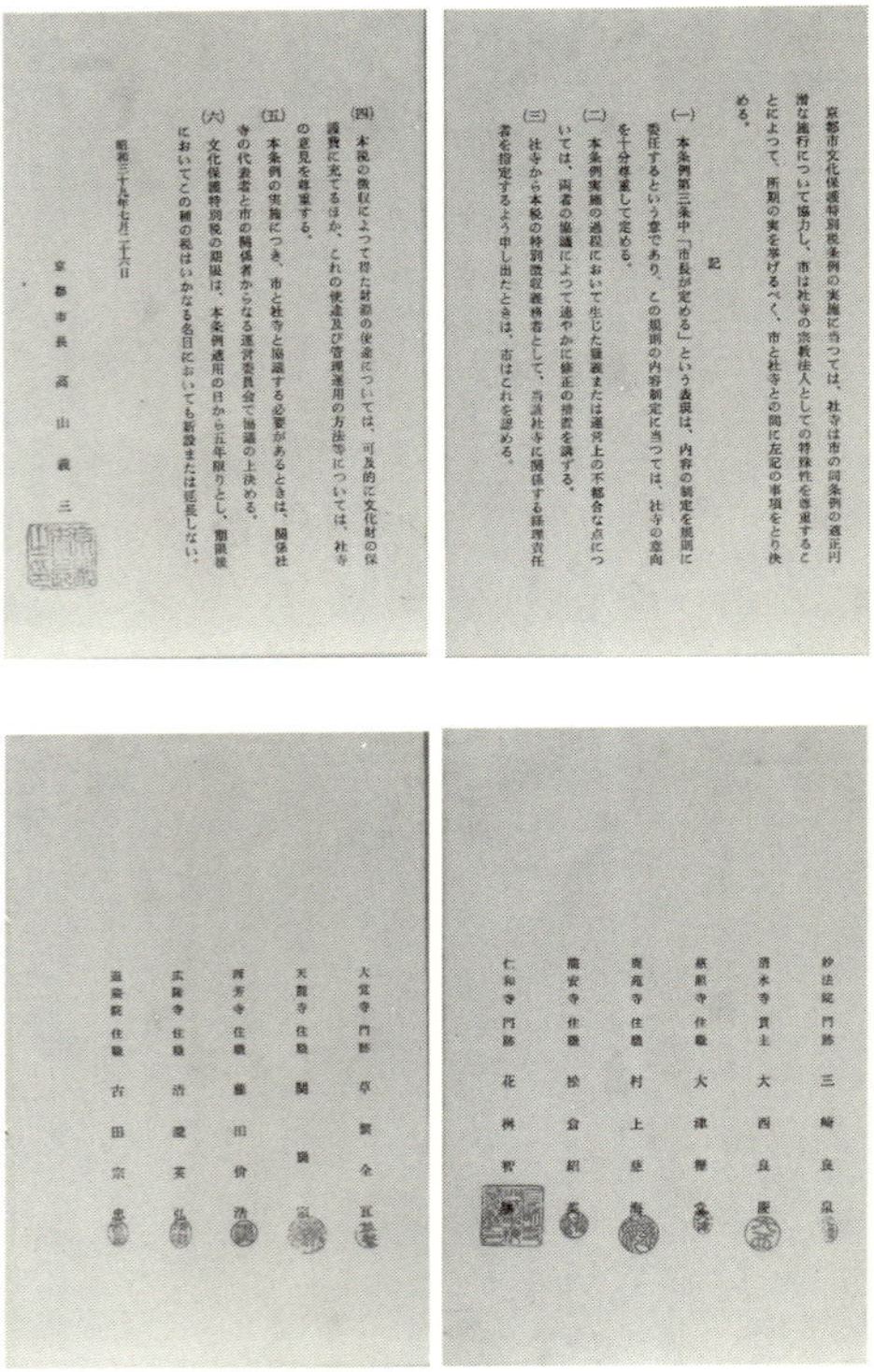
京都市文化保護特別税条例の実施に当つては、社寺は市の同条例の適正円滑な施行について協力し、市は社寺の宗教法人としての特殊性を尊重することによつて、所期の実を挙げるべく、市と社寺との間に左記の事項をとり決める。

記

(一) 本条例第三条中「市長が定める」という表現は、内容の制定を規則に委任するという意であり、この規則の内容制定に当つては、社寺の意向を十分尊重して定める。

(二) 本条例実施の過程において生じた疑義または運営上の不都合な点については、両者の協議によつて速やかに修正の措置を講ずる。

(三) 社寺から本税の特別徴収義務者として、当該社寺に関係する経理責任者を指定するよう申し出たときは、市はこれを認める。

(四) 本税の徴収によつて得た財源の使途については、可及的に文化財の保護費に充てるほか、これの使途及び管理運用の方法等については、社寺の意見を尊重する。

(五) 本条例の実施につき、市と社寺と協議する必要があるときは、関係社寺の代表者と市の関係者からなる運営委員会で協議の上決める。

(六) 文化保護特別税の期限は、本条例適用の日から五年限りとし、期限後においてこの種の税はいかなる名目においても新設または延長しない。

昭和三十九年七月二十六日

京都市長 高山義三

妙法院門跡 三崎良泉

清水寺貫主 大西良慶

慈照寺住職 大津櫪堂

鹿苑寺住職 村上慈海

龍安寺住職 松倉紹英

仁和寺門跡 花林野[illegible]

大覚寺門跡 草繋全宜

天龍寺住職 関牧翁

西芳寺住職 藤田價清

広隆寺住職 清瀧英弘

[illegible]院住職 古田宗忠

写真 39　文保税覚書

京都市文化保護特別税条例の実施に当っては、社寺は市の同条例の適正円滑な施行について協力し、市は社寺の宗教法人としての特殊性を尊重することによって、所期の実を挙げるべく、市と社寺との間に左記の事項をとり決める、

とあり、六ヵ条の同意事項が列挙されています。後々に大きな問題になったのは次の第六条です。

文化保護特別税の期限は、本条例適用の日から五年限りとし、期限後においてこの種の税はいかなる名目においても新設または延長しない。

京都市長と十一ヵ寺住職が署名捺印《なついん》した「覚書」において、再び同様の税を実施しないことを明記したうえで、文保税の徴税は五年間続きました。

## 5　古都保存協力税反対運動の経緯

### 条例案の可決と無効確認訴訟

文保税導入の際に類似の税を行わないと京都市は誓約したのですが、昭和五十七年（一九八二）、京都市は文観税の復活を目指して寺院側の説得を始めます。昭和五十六年度の決算で京都市は約二十六億円の赤字を出しており、赤字財政の補《ほ》塡《てん》がその理由でした。

寺院側は先の「覚書」の存在を指摘して反対の意思を示すとともに、交渉の窓口を京都市仏教会（以下、市仏教会と略）に一元化します。八月から十月にかけて京都市と市仏教会は会合を持ちますが、課税を前提とする京都市の対応に寺院側は不信感を抱き、話し合いは物別れに終わりました。

昭和五十八年（一九八三）一月、京都市は臨時市議会に提案する新税の内容を発表しました。その骨子は次の四点です。

①名称を「古都保存協力税」（以下、古都税と略）とする。

②社寺等の文化財の有料拝観に対して一人一回五十円を課税する。

③期間は十年間で、年間約十億円の収入を見込む。

④平安建都千二百年記念事業を見据えて岡崎文化ゾーン整備費用などを使途とする。

一月十八日、市議会は委員会付託を省略して本会議で条例案を一気に可決します。市仏教会は「古都税の審議ぬき可決は暴挙である」との声明を出すとともに、条例の無効確認を求める訴状を二月十四日に京都地裁へ提出しました。

古都税条例の無効確認訴訟は、昭和五十九年三月三十日に市仏教会の訴えを門前払いの形で退ける判決が出ます。参拝者に課税することは信教の自由を定めた憲法二十条に違反するという市仏教会の主張に対しては、次のような判断が下されました。

本件条例は、文化財の鑑賞という行為の宗教的側面自体を否定するわけではなく、対価を支払ってする有償の文化財の鑑賞という行為の客観的、外形的側面に担税力《たんぜいりょく》を見出し、本税を課すこととしたまでである。

意味の取りにくい文章ですが、要するに、門前で一定の料金を徴収する行為に対して課税することが古都税条例の目的なのであり、拝観という行為の宗教性を判断することは条例の趣旨ではないという考えを示したのです。

### 古都税徴収開始と拝観停止

昭和六十年一月四日、京都市長今川正彦《いまがわまさひこ》は四月中の古都税実施を表明するとともに、徴税開始に向けて総力を挙げる体制を構築します。それに対して市仏教会は、自治省が条例を許可すれば古都税対象二十四ヵ寺が拝観停止に踏み切ることを発表しました。条例施行を目指して自民党政調会長の藤尾正行《ふじおまさゆき》が第三者斡旋《あっせん》に乗り出しますが、市仏教会は藤尾の斡旋を拒否し、反対運動を強化するために四月一日に京都府仏教会と合併して京都仏教会（以下、仏教会と略）を発足させます。

自治省は、税執行に伴う混乱を避けるために、「四月実施」を二ヵ月遅らせて「六月十日以降とすること」という条件を付けて条例を許可しました。そして七月十日、古都税の

写真 40　拝観停止中の清水寺

徴収が開始されます。それに対抗して七月下旬に十二ヵ寺が拝観停止に突入し、清水寺・慈照寺の門前町では閉店する土産物店も現れました。

八月八日に京都市と仏教会はいったん和解します。和解内容は次のようなものでした。

①寺院が主体的に行う拝観は十年間停止し、財団法人化した仏教会が拝観業務を代行する。

②財団は約定した金額を寄附金として京都市に支払い、京都市は寄附金を古都税収入として受け取る。

③京都市は財団を特別徴収義務者に指定しない。

八月九日、和解により拝観停止寺院は開門します。

しかし、京都市は和解内容の②が、税に代わる寄附金を強制的に割り当てて徴収することを禁止した地方財政法第四条第五項に違反していたために和解を履行しませんでした。何としてでも拝観停止寺院を開門させたかった市長の今川が、法律違反を知りながら無理な妥協をしてしまったのです。

仏教会は、十一月二十六日に記者会見を行い、京都市を非難する声明を出すとともに、再度の拝観停止に入ることを発表しました。十二月一日から二回目の拝観停止が始まり、閉店する土産物屋や民宿が相次いだ年の瀬の門前町《もんぜんまち》は、さながらゴーストタウンと化しました。

拝観停止によって経済的影響が深刻化したこともあり、昭和六十一年三月二十一日に志納金方式による三ヵ月間の拝観再開が決定されました。志納金方式とは、門前業者が配布する志納金袋に任意の金額を入れて寺へ納入した者に拝観を認める法式です。

志納金方式の拝観が終了した七月一日から三回目の拝観停止が始まります。この拝観停止に参加した寺院は、青蓮院・鹿苑寺・慈照寺・広隆寺・二尊院・蓮華寺の六ヵ寺でした。

**古都税の廃止**

京都市は、七月二十六日に六ヵ寺に対して合計一億円の古都税決定通知書を送付し、一ヵ月以内に税が納入されない場合は差し押さえなどを行う方針を示します。主導権を回復する必要に迫られた仏教会は、九月十六日に京都市との和解の際に作成した寄附金額の「念書」を公表するとともに、市長の今川と仏教会の代理人であった西山正彦《にしやままさひこ》が和解のために水面下で行った電話交渉を録音したテープが存在していることを明らかにしたのです。

昭和六十二年一月十二日の記者会見において、仏教会は電話交渉テープの一部を公開します。京都市は対抗策として六ヵ寺に財産差し押さえ予告通知書を送付しますが、その処置が日本刀を持った男が市役所に押しかけて秘書係長を切りつける事件の原因となり、市政は混乱の極みに達したのです。二月二十五日には、仏教会が新たに未公開部分を編集したテープを公開したために、京都市は更なる窮地《きゅうち》に追い込まれました。

仏教会は、事態を新たに展開させるために、五月一日からの開門などを発表します。それを受けて、京都市は九月二日の市長記者会見で古都税廃止を明言し、十月十一日に京都市と仏教会との会合が相国寺承天閣美術館で開かれ、条例廃止と一年八ヵ月分の古都税相当額を寄附金で支払うことが合意されたのです。古都税条例は、昭和六十三年三月三十一日をもって廃止されました。

## 6　古都税の証言

### 拝観の解釈をめぐって

平成二十九年（二〇一七）、古都税反対運動終結から三十年が経過したことを契機として、仏教会は当時の関係者にインタビューを行い、『古都税の証言』と題する証言集をまとめました。この証言集に基づきながら寺院拝観をめぐる諸問題について考察します。

古都税反対運動当時の慈照寺執事であり、運動を担った若手僧侶の一人であった佐分宗《さぶりそう》順《じゅん》は、拝観料について次のような認識を示しています。

古都税問題に関しての認知度は、拝観寺院以外の寺では低かったと思いますね。（中略）拝観行為が文化財鑑賞行為だという発想も、そのような人たちの意識から出ているのだと思います。拝観料はお布施であると我々は認識しておりますが、それは違うという解釈もできるのかもしれない。しかし、それならば、一生懸命お経を読んでいただくお金は労働に対する対価という側面もあるのだから、その側面に対して課税するという解釈もできるじゃないですか。それは、誰がどう解釈するかの問題ですよ。

拝観寺院にとっては、拝観が宗教行為であるという論理は絶対に外せないのです。

（中略）宗教団体を存続させるための基本的な経済基盤は、拝観料というお布施によって成り立っていると解釈しない限り、我々には存在理由がなくなるのですよ。

昭和五十九年の古都税条例無効確認訴訟京都地裁判決では、拝観には宗教行為と文化財鑑賞行為という二つの側面があり、文化財鑑賞行為の側面に対して課税することは憲法違反ではないという論理が展開されました。それに対して佐分は、拝観を二つの側面に切り分けることなど不可能であり、拝観料は拝観者による喜捨に他ならないと主張しているのです。

京都市の助役であった奥野康夫《おくのやすお》は、行政の視点から古都税が必要であったことを再度発言しました。

京都市の最も大きな課題は、文化観光都市をいかにして作り上げていくかということです。観光に来られる大勢の人々に対する諸設備への費用がいりますよね。道路の補修であるとか、駐車場の整備であるとか。よその都市ではさほど問題にならないことに金がかかるわけです。だから、お寺から税を直接徴収するということではなくて、特別徴収義務者としてお寺を位置づけて、観光客から税を取っていただこうとしたのですが、拝観者は観光客ではないと仏教会は仰《おつしや》るわけです。しかし、清水の舞台に立って景色を眺めている人を敬虔《けいけん》な仏教徒といえるかどうかを考えれば、私はどう見ても観光客だと思うのです。そうしたことから、古都税は基本的に正しかったと私は思っています。

奥野は、寺に訪れる人々を「敬虔な仏教徒」と物見遊山の客に弁別することが可能であること、後者に対しては課税しても構わないことを論じているのであり、京都地裁判決の枠組みと同様の解釈を示しました。

このように、拝観に対しての京都市と仏教会の認識は全く対立しており、佐分が「いつの時代においても、行政の立場からは拝観は文化財鑑賞行為であるという発想しか生まれません。我々とは立場が違うのです」、奥野が「要するに、仏教会は税とは関わりたくないということが基本姿勢で、京都市とは永久に交わる問題ではありませんでした」と述べていることから明らかなように、お互いの主張は平行線をたどることになったのです。

## 昭和末期の時代相

古都税反対運動はバブル経済期直前の昭和末期に展開されたものであり、インタビューでは当時の世相を反映する証言が出されました。それらの証言から当時の時代状況を振り返りたいと思います。

反対運動を担った若手僧侶の一人であった蓮華寺住職安井攸爾《やすいゆうじ》は、運動中の経験を次のように語っています。

自民党のある市議会議員と話をしたことがありましてね。その人はこう言ったのですよ。「文化財みたいなものは、みんな金閣の駐車場にでも集めて、そこで博物館みたいに見物料を取ったらええのや」と。寺の什物《じゅうもつ》が宗教財であることなど全然意識がない。「そんな時代やないのや。これからは」という感じで自信満々やった。バブルの始まる前兆のころだから、京都を活性化していくには寺は邪魔な存在だと思っていたわけですね。

世の中が好景気に沸きたち、金銭的な価値こそがすべてという考え方が広まる中で、拝観の宗教性を訴えることがいかに困難であったかを安井は述懐しています。

古都税反対運動当時は浄土宗西山禅林寺派教学部長であり、その後同派管長を務めた五《い》十《が》嵐《らし》隆《りゅう》明《みょう》は、自坊である養福寺の移転問題が持ち上がったことを回顧しました。

古都税問題が起こる以前に、私が住職を務める養福寺を京阪電鉄三条駅周辺から移転させるという問題が発生しました。京阪電鉄の地下化のために、私の寺を撤去してくれと京都市が言ってきたのです。

私は反対運動を立ち上げて、都市の再開発を考えるというシンポジウムを京都会館の会議室でやりました。小さな都心の寺院であっても、その空間というのは市民の憩《いこ》いの場なのであり、地価が高いからといって土地を売却して、寺を郊外に移転させることは基本的に間違っているというのが私の持論でした。

京都でも地価の高騰に伴う強引な地上げ行為や乱開発が始まっていました。そのような風潮に批判的であった五十嵐は社会に対して問題提起を行ったのであり、古都税問題の後で展開される京都市景観論争の先駆的な動きであったと評価できます。

平成十九年（二〇〇七）の京都市景観条例制定に尽力した前京都市長の桝本頼兼《ますもとよりかね》は、バブル期における景観破壊の状況と、自らが抱いた問題意識を振り返りました。「京都は日本人の心のふるさとである」と言いますが、観念的な議論だけで具体的な実践や政策が伴わない。そういう時代であったと思いますね。忍び寄る都市景観の破壊を「クリーピング・デストラクション（creeping destruction）」というのですが、世界の歴史都市のほとんどがそのような危急存亡のときにあって、京都市も例外ではなかったわけですね。有馬《ありま》頼底《らいてい》理事長も「京都のマンハッタン化」と仰いましたが、ビルが無秩序に林立したら神社仏閣や美しい三山が見えなくなるという危機意識を私は持っていました。

バブル期から一転して長期にわたる不景気に突入したことで、金銭的な価値と引き替えに失ったものの大切さに気づいた結果が京都市景観条例制定に結びついたわけですが、桝本のように早い段階から危機感を持ち、景観保護を粘り強く訴え続けた人々がいたことは留意されなければならないでしょう。

**寺院拝観のあるべき姿**

第三部第二講で検討した明治三十一年（一八九八）の内務省令第六号において、内務省は参拝という宗教行為には料金を徴収してはならないが、庭園などを観覧する行為には料金を徴収しても構わないという論理立てをしました。国家神道体制を成立させるために神社における神事は祭祀であって宗教ではないと解釈したことと同様に、寺院が行う活動の宗教性を公権力の側が弁別することは、近代の開始から継続されてきたといえます。

それに対して僧侶はいかなる態度を取るべきか。古都税反対運動の経験を踏まえて安井は次のように語りました。

僕は僧侶になるときに、「単に寺の歴史を知っているだけでは、観光客の相手にはなるけれども本物ではない。やはり宗教のことを知らなければならない」と思った。それで、市役所の周囲をデモ行進したときの四人と勉強会をしたのですよ。それぞれがテーマを持って、レポートをまとめて。種智院《しゅちいん》大学の先生も呼んで、密教学についてかなり勉強しました。自らの存在を確立するためにね。

すべての問題の起点は僧侶の内側にあるのであって、宗教をよく認識して日々の寺院運営に当たらなければならない。

また、古都税反対運動当時の仏教会事務局長であった極楽寺住職鵜飼泉道《うかいせんどう》は、古都税問題を総括するにあたって僧侶に厳しい視線を向けています。

寺がこの問題（古都税問題、筆者註）に手を染めれば、自分自身の身を削っていくことになるのです。それは古都税問題が、江戸時代以来の四百年間にわたって僧侶が怠《たい》惰《だ》な生活を送ってきたことのツケだからです。

本来、寺院や僧侶が社会に対して提供すべきものがあったはずなのです。しかし、それが忘れ去られてしまい、寺で行われていることは経営を中心に置いた活動となってしまった。拝観料も社会からは入場料としか見られなくなったので、「そこにちょっとだけ上乗せしてくれ。お前の懐《ふところ》からお金を持っていかないから」と行政は発想したのです。（中略）

後々の歴史の流れの中で寺の必要がなくなれば、税金をかけろという圧力が高まってくるでしょう。それに対抗できるだけの理論や実践を我々が持っているかどうかですよ。そうでないものは社会的に潰れます。

両者の発言をまとめれば、拝観の宗教性を訴える前提として、僧侶自身が宗教活動を実体化させる内在的努力を続けなければならないことになります。

古都税反対運動以来、長年にわたって仏教会の中心的なブレーンを務めた洗《あらい》建《けん》は、『古都税の証言』に「拝観行為の宗教的意義」という論説を寄せています。以下はその結論部分です。

拝観者を効率的に捌《さば》くことにではなく、それぞれの拝観寺院のご本尊や、由来・特性に鑑《かんが》み、どうすれば拝観者の視覚、聴覚、嗅覚、全身の感覚に訴えて、仏教の世界を体験して貰うことが出来るのか、そこに祈りをこめて提供者の創意・工夫を凝《こ》らして貰いたい。それが拝観行為を宗教たらしめる所以《ゆえん》であろう。

「拝観は宗教行為である」という命題を成り立たせることは、僧侶の主体的な活動によっていかに拝観者に宗教を感じさせるか、その努力に懸かっているのです。

## 7　まとめ

### 宗教法人法と銀閣寺事件

本講の内容をまとめます。

ＧＨＱによる民主化の結果、寺院や僧侶を取り巻く環境は激変しました。日本国憲法第二十条で信教自由と政教分離が定められ、宗教法人法によって宗教法人の自主性・自律性が認められた結果、国や地方自治体は宗教法人内部の運営に関与してはならないという原則ができますが、その代わりに宗派を自らを律する義務を背負ったといえます。

銀閣寺事件は、相国寺派の自治のあり方を鋭く問うできごとでした。寺が所有する現金を私的に使用した菅月泉は業務上横領罪で起訴されますが、横領の意志がなかったという理由で無罪になります。菅の行動は倫理的に許されるものではありませんが、法律運用の限界から処罰できなかったのです。宗教法人法の精神に鑑みれば、相国寺派は法の裁きを待つまでもなく菅を処分しなければならなかったのですが、宗制に懲戒規定がなかったために、降階処分による事実上の住職罷免という超法規的な措置を取らざるを得なくなりました。規律に反した構成員を自らの判断で処罰することは自治の根幹であり、罰則のない規則は機能しません。懲戒は過酷な規定ではありますが、それが宗制から抜け落ちていたことは後々に禍根《かこん》を残したと評価すべきでしょう。

## 古都税問題の意味

古都税問題では京都市と仏教会が激しく対立しましたが、その原因を作ったのは京都市側でした。文保税導入時に京都市と寺院側が取り交わした「覚書」の趣旨に反して古都税条例を成立させたこと、仏教会会員寺院に対して納得できる説明をしないままに課税に突き進んだことは強引であったといわざるを得ません。一度決定したことは撤回しないという行政の体質が京都市民にとっての悲劇を生んだといえます。

仏教会側の対応にも大きな問題がありました。古都税に反対するために三度にわたって行われた拝観停止や、和解のために水面下で行われた電話交渉の録音テープを公開したことは、信教自由・政教分離原則もしくは宗教活動の重要性を社会に対して説明する方法として果たして適切であったのでしょうか。運動に勝利するために、あまりにも直接的で社会的影響が強い方法を採ったために、その背後にある仏教会の主張が社会に浸透しなかったと総括できます。

しかし、古都税問題の発生が、拝観が宗教行為であることを僧侶自身が深く認識する機会になったことは間違いないでしょう。『古都税の証言』における関係者の発言は、それぞれが古都税問題の経験を自らの問題として抱え込み、それを乗り越えるために長年にわたって悩んできたことを示しています。この三十年間における関係者の営為は、何らかの形で拝観という宗教活動の実体化に結びついていったと私は考えています。

# おわりに

本書では、近代的な仏教教団組織の形成過程を解明することをテーマとして、江戸時代から昭和期に至る相国寺の歴史的展開を論じてきました。まず、全体を総括したいと思います。

江戸時代の相国寺は、禅宗寺院の基本的な組織原理である門派によって分権的な構造になっていました。門派は、中心的な塔頭とそれを輪番住持制で支える各塔頭の結合によって成り立っており、内部で発生した問題は自治によって解決することが原則でした。しかし、江戸時代中期に至って、門派は財政難のために後継者不足に陥り、さらに天明の大火が致命的な打撃となって機能を失ったのです。

第二部の冒頭で、集権的な本山組織は江戸時代において段階的に形成されたのではないかという仮説を設定しました。第二部の論証から明らかなように、門派に象徴される禅宗寺院の前近代的な組織構造は江戸時代中期から解体が始まっており、それに反比例する形で本山の集権性が向上したのです。

織田《おだ》信長《のぶなが》や豊臣秀吉《とよとみひでよし》が仏教教団を弾圧し、江戸幕府が寺院法度の制定と本末帳の編纂を行ったことによって、仏教教団の本山権力は確立したということが従来の研究における一般的理解だと思いますが、私はそのような政治編成万能論を採りません。政治編成も重要ですが、江戸時代の仏教教団も内在的な努力を行っていたのです。第二部では、山門修理を果たすために富くじ興行に打って出たことや、伽藍や僧堂の再興に尽力した僧侶たちが存在したことを明らかにしました。個々の僧侶がそのような努力を積み上げたからこそ、相国寺は本山を中心とする新たな組織運営の原理を創り出すことができたのです。

明治維新となり、新政府は天皇を中心として政治と宗教を一体化させる神道国教化政策を推進します。その過程で実施された上知令や廃仏毀釈《はいぶつきしゃく》が仏教教団の経営基盤を大きく傷つけました。また、明治五年（一八七二）の戸籍法に伴う僧侶の肉食妻帯《にくじきさいたい》許可が受け入れられるなど、仏教教団の近代化は江戸時代以前の寺院や僧侶のありようを大きく変えてしまいました。

しかしながら、相国寺派が宗務本所を核とする近代的な宗派組織を明治期の早い段階から創り上げることができたのは、右に述べたような江戸時代における組織運営の蓄積が生かされたからです。江戸時代後期から明治期に至る仏教教団の歴史的展開は、断絶面だけではなく連続面にも着目して検討されなければならないでしょう。

そのような経緯で形成された相国寺派は、明治十七年の太政官布告第十九条によって、制限付きではありますが自治を認められました。その自治は、財政難や国泰寺派独立などの困難によって鍛《きた》え上げられ、大正二年（一九一三）の「紀綱」編纂に結びつきます。昭和期に入り、「大正デモクラシー」の影響を受けた宗派の自治的な動きは戦時体制に絡《から》め取られていきますが、その事実を差し引いても「紀綱」は戦前における相国寺派の達成として評価されなければならないと私は考えます。

戦後において、日本国憲法第二十条と宗教法人法によって宗教法人の自主性・自律性が認められますが、銀閣寺事件の発生で相国寺派は自治のありようを問い直されます。また、文観税・文保税・古都税と続く京都市との係争は、相国寺を始めとする仏教会会員寺院にとって自らの宗教活動を見直す契機となりました。宗派が権力から自立してその機能を十全に発揮するには内在的な努力を続ける必要があるのです。

最後に、本書の内容を踏まえて、現代社会において寺院はいかにあるべきかを論じたいと思います。

鵜《う》飼秀徳《かいひでのり》の『寺院消滅』で明らかにされたように、「限界集落」に象徴される急劇な人口減少に突入した地方において、寺院は存亡の危機に立たされています。本書の冒頭で

「十大宗派」の存在を指摘しましたが、このような寺檀関係に支えられている宗派は、末寺の経営破綻《はたん》が始まることで従来の組織を維持していくことが困難になると予想されています。各宗派は対策に乗り出していますが、決め手はなく苦慮しているのが現状のようです。

その一方で、鹿苑寺・慈照寺に代表される京都の拝観寺院は、空前の京都ブームに支えられ、外国人を始めとする多くの拝観者を迎えることができています。しかしながら、日本社会全体が行き詰まりの様相を見せる中で、このようなブームがいつまで続くかは予断を許さないでしょう。

将来的に、宗派や寺院を取り巻く状況は厳しくなる一方だと考えられます。その状況を乗り越えるには、過去の歴史を振り返ることが有効な手段になり得ると私は思います。本書で明らかにしたように、江戸時代以降の相国寺は何度も遭遇《そうぐう》した経営の危機を乗り越えてきました。それが可能であったのは、経済的な問題に還元されない固有の価値が相国寺に存在したからです。そもそも相国寺は、春屋妙葩《しゅんおくみょうは》や義堂周信《ぎどうしゅうしん》と足利義満《あしかがよしみつ》との禅を通じた関係が発展するかたちで創建された寺院でした。義堂の日記である「空華《くうげ》日用工夫《にちようくふう》略集《りゃくしゅう》」で述べられていたように、義満が最初に望んだのは自らが坐禅をするための小規模な寺の建立であったことは重要な事実です。義満の禅に対する真摯《しんし》な思いと、それを受け止めた夢窓派の僧侶たちとの精神的なつながりが根底に存在したからこそ、長きにわたって相国寺は維持されたのではないでしょうか。

寺院が社会の中で生き残っていくためには、歴史の中に含み込まれているその寺院固有の価値を確認し続けるしかないと考えます。その営みは、時代の移り変わりとともに社会の構造が変化しても、人々の心を捉えることができると私は確信しています。

# あとがき

本書は、筆者にとって『〈甲賀忍者〉の実像』、『近世郷村の研究』に続く三冊目の単著です。江戸時代の農村史研究に携《たずさ》わっていた筆者が、なぜ禅宗寺院の通史叙述をすることになったのか。その経緯を振り返ることで「あとがき」にしたいと思います。

前著の「あとがき」で述べたように、かつて筆者が研究フィールドとしていた滋賀県甲賀郡（現甲賀市・湖南市）は、「オコナイ」などの民俗祭礼が濃厚に残存する地域でした。祭礼の場となっていた神社には、神仏分離以前は天台宗に属する神宮寺の社僧が存在しており、彼らが様々な祭礼を取り仕切ることで地域の人々に強い影響力を及ぼすという構造が存在していたのです。仏教色の強さが特徴である甲賀郡の歴史と向き合うなかで、筆者の問題関心は次第に天台宗の組織構造研究へと移っていきました。

江戸時代の天台宗を研究するには、延暦寺の図書館である叡山文庫に所蔵されている膨大な史料を読み込む必要があります。史料を分析していく過程で、自分自身の仏教に対する認識不足を痛感し、独学で天台教学の専門書と格闘することになりました。延々と叡山文庫に通いながら成果が出せずに右往左往していた筆者を、調査でお世話になっていた天台宗滋賀教区の山口智順師（米原市成菩提院住職）が叡山学院に紹介して下さり、非常勤研究員として学ぶ場を得ることができたのです。

以上のような成り行きで仏教史研究へ転向した筆者に、十数年来の旧知であった織豊期仏教史研究者の伊藤真昭氏が「相国寺文書の調査を委託されたので手伝ってくれないか」と声をかけて下さいました。本来であれば禅宗史研究者が引き受けるべき仕事でしたが、江戸時代以降の禅宗史を専門としている研究者がほとんどいないという事情もあり、筆者が起用されたのです。

六千点以上あった相国寺文書は、平成十九年（二〇〇七）より大谷大学博物館に預けられ、目録作成作業が始まりました。天台宗との比較ができることから相国寺文書に大きな興味を持った筆者は、作業のとりまとめ役を買って出ました。初めて見る禅宗寺院文書は、禅語録から引用された用語が頻出《ひんしゅつ》することから、あまりにも独特すぎて脈絡《みゃくらく》を読み取るのは困難でした。それでも苦しみながら史料全点を読み切って目録を完成させ、平成二十三年の春には相国寺に返却できる状況にまでこぎ着けました。その作業の労を多とされた伊藤氏は、相国寺の専任職員として筆者が雇用されるように折衝して下さいました。そして、文書返却を契機に『相国寺史』の編纂事業が始まることになり、寺史編纂室の研究員として着任することになったのです。

長いあいだ文系の大学院に所属していた筆者にとって、過酷な僧堂生活に基づく禅宗寺院のしきたりは、容易に馴染《なじ》めるものではありませんでした。ややもすれば寺の枠組みから外れてしまい落ち込む筆者に対して、直属の上司となった佐分宗順師は自らの問題意識と寺史編纂の意義を語り続けました。佐分師は、古都税反対運動において若手僧侶の一人として活動し、運動終結後は相国寺教化活動委員会を立ち上げて近現代の国家と宗教に関わる諸問題を追究し続けたという僧侶であり、明治以降の相国寺の歴史を解明するように筆者に強く要請したのです。保守的な伝統仏教教団で近現代史を語ることは避けなければならないだろうと思い込んでいた筆者は、その要請にかなり戸惑いましたが、専門外である近現代史研究に取り組むことになりました。

佐分師がとりわけ重視していたのは銀閣寺事件の分析でした。寺には四半世紀にわたる裁判記録のコピーが段ボール箱で十箱分以上残されていたのです。筆者は裁判記録など読んだことがなかったのですが、『宗教法人法の基礎的研究』や『宗教法人ハンドブック』などを座右に置いて事件の経緯を追い始めました。法学上の概念が難解であり、なおかつシビアな記述もある裁判記録を前にして筆者の心は折れかけましたが、佐分師に「事実を隠すな」と叱咤《しった》され、銀閣寺事件を含めた相国寺の近現代史を教化活動委員会の研修会で講演したのです。

佐分師は講演内容を評価し、京都仏教会の活動に筆者を加えました。京都仏教会は結成三十周年の節目を迎えており、活動を総括する記録を残そうという企画が構想されていました。その一環として、一般の読者を意識した古都税問題関係者の証言集を出版することになり、筆者がインタビューを担当することになったのです。証言集の客観性を担保するために、現在の京都仏教会とは異なる立場の方々からも証言を得る方針が決まり、京都市元助役の奥野康夫氏や、運営方針の対立から京都仏教会事務局長を辞した鵜飼泉道師にもご協力をいただきました。関係者の古傷をえぐるようなインタビューは非常に難しかったのですが、現事務局長である長澤香静師の支えもあって、『古都税の証言』を刊行することができたのです。

近現代史に関係する問題の分析を一通り終えた筆者は、本来の専門である江戸時代の相国寺について考察を行い、教化活動委員会で成果を講演しました。その講義録が株式会社法藏館編集部今西智久氏の目にとまり、今回の出版に至ったのです。

筆者が本書を執筆できたのは、様々な方々とのご縁に恵まれたからです。臨済宗相国寺派宗務総長佐分宗順師、寺史編纂室顧問原田正俊氏・伊藤真昭氏を始め、お世話になった関係者各位に深甚の謝意を表したいと思います。また、本書の出版を勧めて下さった今西智久氏、本書の校正にご協力いただいた公益財団法人禅文化研究所田口幸滋氏にも御礼を申し上げます。

二〇一八年二月十五日

藤田　和敏

# 主要参考文献


◉全体に関わるもの

玉村竹二『日本禅宗史論集』上・下之一・下之二（思文閣出版、一九七六～一九八一年）
竹貫元勝『日本禅宗史』（大蔵出版、一九八九年）
伊吹　敦『禅の歴史』（法藏館、二〇〇一年）
今枝愛真『禅宗の歴史』（吉川弘文館、二〇一三年）

◉第一部

玉村竹二『夢窓国師――中世禅林主流の系譜――』（平楽寺書店、一九五八年）
臼井信義『足利義満』（吉川弘文館、一九六〇年）
今枝愛真『中世禅宗史の研究』（東京大学出版会、一九七〇年）
横井　清『東山文化　その背景と基層』（教育社、一九七九年）
河合正治『足利義政と東山文化』（清水書院、一九八四年）
早島大祐『室町幕府論』（講談社、二〇一〇年）
田端泰子『足利義政と日野富子　夫婦で担った室町将軍家』（山川出版社、二〇一一年）
小川剛生『足利義満』（中央公論新社、二〇一二年）
早島大祐『足利義満と京都』（吉川弘文館、二〇一六年）
桃崎有一郎・山田邦和編『室町政権の首府構想と京都　室町・北山・東山』（文理閣、二〇一六年）

◉第二部


辻善之助『日本仏教史』近世篇一～四（岩波書店、一九五三～五五年）
玉村竹二・井上禅定『円覚寺史』（春秋社、一九六四年）
玉村竹二『五山文学』（至文堂、一九六六年）
圭室文雄『江戸幕府の宗教統制』（評論社、一九七一年）
桜井景雄『続南禅寺史』（法藏館、一九七七年）
寺院本末帳研究会編『江戸幕府寺院本末帳集成』上・中・下（雄山閣出版、一九八一年）
西村恵信『東嶺和尚年譜』（思文閣出版、一九八二年）
川上孤山『増補妙心寺史』（思文閣出版、一九八四年）
桜井景雄『禅宗文化史の研究』（思文閣出版、一九八六年）
圭室文雄『日本仏教史　近世』（吉川弘文館、一九八七年）
下坂　守「[検証]天明の大火　古都に最後の打撃を与えた火難」（村井康彦編『京の歴史と文化』六、講談社、一九九四年）
安国良一「京都天明大火研究序説」（『日本史研究』四一二、一九九六年）
能仁晃道訓注『訓読近世禅林僧宝伝』上・下（禅文化研究所、二〇〇二年）
能仁晃道『清骨の人古月禅材　その年譜から近世禅宗史を読む』（禅文化研究所、二〇〇七年）
圭室文雄『總持寺祖院古文書を読み解く――近世曹洞宗教団の展開――』（曹洞宗宗務庁、二〇〇八年）
滝口正哉『江戸の社会と御免富――富くじ・寺社・庶民――』（岩田書院、二〇〇九年）

オリオン・クラウタウ『近代日本思想としての仏教史学』（法藏館、二〇一二年）
高橋　敏『白隠　江戸の社会変革者』（岩波書店、二〇一四年）
古田紹欽『白隠　禅とその芸術』（吉川弘文館、二〇一五年）

## ◉第三部

京都市消防局『京都消防』昭和二十五年八月号（京都市消防局総務課、一九五〇年）
村上重良『国家神道』（岩波書店、一九七〇年）
梅田義彦『改訂増補日本宗教制度史〈近代篇〉』（東宣出版、一九七一年）
井上恵行『改訂宗教法人法の基礎的研究』（第一書房、一九七二年）
安丸良夫『神々の明治維新』（岩波書店、一九七九年）
宮地正人『天皇制の政治史的研究』（校倉書房、一九八一年）
赤澤史朗『近代日本の思想動員と宗教統制』（校倉書房、一九八五年）
安丸良夫・宮地正人『日本近代思想体系　5　国家と宗教』（岩波書店、一九八八年）
京都仏教会編『古都税反対運動の軌跡と展望――政治と宗教の間で――』（第一法規出版、一九八八年）
小林丈広「宗教と福祉」（『史料京都の歴史』一、平凡社、一九九一年）
安丸良夫『近代天皇像の形成』（岩波書店、一九九二年）
羽賀祥二『明治維新と宗教』（筑摩書房、一九九四年）
水田全一『戦闘機臨済号献納への道　【検証】臨済宗の戦争協力』（かもがわ出版、二〇〇一年）

小川原正道『大教院の研究』（慶應義塾大学出版会、二〇〇四年）
谷川　穣『明治前期の教育・教化・仏教』（思文閣出版、二〇〇八年）
島薗　進『国家神道と日本人』（岩波書店、二〇一〇年）
大谷栄一『近代仏教という視座――戦争・アジア・社会主義――』（ぺりかん社、二〇一二年）
歴史科学協議会編「特集／大正デモクラシー再考」（『歴史評論』七六六、二〇一四年）
鵜飼秀徳『寺院消滅』（日経ＢＰ社、二〇一五年）
相国寺教化活動委員会監修・田中滋編『国家を超える宗教』（東方出版、二〇一六年）
京都仏教会編『古都税の証言　京都の寺院拝観をめぐる問題』（丸善プラネット、二〇一七年）

## 写真一覧

写真38　焼失後の金閣（鹿苑寺蔵）
写真39　文保税覚書（鹿苑寺蔵）
写真40　拝観停止中の清水寺（京都新聞）
図8　庫裡・方丈・浴室・開山塔・洪音楼・山門跡・法堂・宝塔（相国寺蔵）

# 相国寺略年表

| 年号 | 西暦 | 事項 | 参考事項 |
|---|---|---|---|
| 永徳　二 | 一三八二 | 足利義満が相国寺を創建する。 | |
| 至徳　三 | 一三八六 | 足利義満が相国寺を五山に加える。 | |
| 応永　四 | 一三九七 | 北山第が建築される。 | |
| 同　六 | 一三九九 | 相国寺に大塔が建立される。 | |
| 応仁　元 | 一四六七 | 応仁の乱が始まり、相国寺で東軍・西軍の激戦が繰り広げられる。 | |
| 文明一五 | 一四八三 | 足利義政が東山山荘に移る。 | |
| 慶長　六 | 一六〇一 | 徳川家康が相国寺に千六百六十二石余りの寺領を与える。亀伯瑞寿が玄室周圭と明叟周晟に対して大智院住持を臨番するように遺言する。 | |
| 同　八 | 一六〇三 | 徳川家康が相国寺に百石の寺領を追加して与える。 | 家康が征夷大将軍となり、江戸に幕府を開く。 |
| 同　一〇 | 一六〇五 | 豊臣秀頼により法堂が造営される。 | |
| 同　一二 | 一六〇七 | 西笑承兌が死去する。西笑の遺書により豊光寺・大光明寺住持が輪番制となる。 | |
| 同　一四 | 一六〇九 | 徳川家康により山門が造営される。 | 幕府、オランダ船に貿易を許可する。 |
| 元和　元 | 一六一五 | 幕府により「五山十刹諸山之諸法度」が出される。 | 大坂の陣が終わる。 |
| 同　五 | 一六一九 | 徳川秀忠朱印状により鹿苑僧録・蔭凉職が廃止され | 徳川秀忠が上洛する。 |

| | | | |
|---|---|---|---|
| | | る。 | |
| 元和　七 | 一六二一 | 豊光寺・大光明寺輪番争論一件が始まる。 | |
| 寛文　四 | 一六六四 | 幕府の本末改が行われ、天外梵知によって若狭国の禅宗寺院が相国寺末に組み込まれる。 | 幕府、諸大名に領知判物・朱印状を与える。 |
| 同　五 | 一六六五 | 幕府により「諸宗寺院法度」が出される。 | 幕府、寺社に領知朱印状を与える。 |
| 同　六 | 一六六六 | 後水尾法皇により開山塔が造営される。「円明」の勅額を賜る。 | |
| 正徳　四 | 一七一四 | 相国寺山内和尚の衆議によって、豊光寺・大光明寺輪番争論一件が最終的に解決する。慈照寺住持住峰周留が大智院輪番交代の延引を本山に申し出る。 | 新井白石の建言により貨幣の金銀含有率を慶長金銀に戻す。 |
| 享保　六 | 一七二一 | 天外梵知が、園松寺の後住に覚瑞祖了を任じるよう遺言して死去する。 | 幕府評定所門前に目安箱が設置される。 |
| 同　一九 | 一七三四 | 連環結制が開始される。 | |
| 宝暦　六 | 一七五六 | 慈照寺山林争論一件が、慈照寺の権利を認めるかたちで決着する。 | |
| 同　九 | 一七五九 | 慈照寺住持祖桓が擯斥される。 | |
| 明和　七 | 一七七〇 | 東嶺円慈が鹿苑院で『碧巌録』を提唱する。 | |
| 同　八 | 一七七一 | 夏の旱魃で寺領の年貢収量が減少し、各塔頭が困窮する。 | 飛騨の大原騒動など、百姓一揆が頻発する。 |
| 安永　四 | 一七七五 | 大坂において相国寺が行った富くじが大成功を収める。 | |
| 同　六 | 一七七七 | 山門修理が完成する。 | |

| | | | |
|---|---|---|---|
| 天明 二 | 一七八二 | 鹿苑寺において開帳が実施される。 | |
| 同 八 | 一七八八 | 天明の大火によって相国寺の伽藍のほとんどが焼失する。 | 老中松平定信が将軍補佐となる。 |
| 寛政 九 | 一七九七 | 総門が再建される。常徳派の輪番住持制が破綻する。 | ロシア人が択捉島に上陸する。 |
| 文化 四 | 一八〇七 | 開山塔・方丈・庫裏が再建される。 | 幕府、ロシア船の打ち払いを命じる。 |
| 文政 元 | 一八一八 | 相国僧堂が復興され、円覚寺の誠拙周樗が前版職として招かれる。 | |
| 弘化 元 | 一八四四 | 洪音楼(鐘楼)が再建される。 | 水野忠邦が再び老中となる。 |
| 安政 元 | 一八五四 | 鹿苑寺住持拙応承胤が法眷から義絶され、年貢売却代銀を持ったまま出奔する。 | 日米和親条約が締結される。 |
| 万延 元 | 一八六〇 | 宝塔が再建される。 | 桜田門外の変が起こる。 |
| 明治 四 | 一八七一 | 新政府から上知令が発せられ、境内地の半分以上と寺領が没収される。 | 岩倉使節団が欧米に派遣される。 |
| 同 五 | 一八七二 | 新政府により教導職制度が開始され、荻野独園が禅宗の管長に任じられる。 | 新橋・横浜間に鉄道が開通する。 |
| 同 六 | 一八七三 | 荻野独園の教化をきっかけに、国泰寺が相国寺に所轄される。 | 征韓派が敗北し、西郷隆盛らが参議を辞職する。 |
| 同 七 | 一八七四 | 教部省布達により輪番住持制が廃止される。 | 佐賀の乱が起こる。 |
| 同 九 | 一八七六 | 臨済宗が九派に分立し、相国寺派が成立する。 | 萩の乱が起こる。 |
| 同 一七 | 一八八四 | 太政官布達第十九号により「相国寺派宗制寺法」が制定される。 | 自由民権運動が過激化し、秩父事件などが起こる。 |

| | | | |
|---|---|---|---|
| 同　二一 | 一八八八 | 伊藤若冲筆「動植綵絵」三十幅が下賜金一万円と引き換えに宮内省へ献納される。 | 枢密院が設置される。 |
| 同　三〇 | 一八九七 | 国泰寺が相国寺派からの離脱を願い出る。 | 第二次松方内閣が倒れる。 |
| 同　三一 | 一八九八 | 内務省令第六号により鹿苑寺・慈照寺の拝観が開始される。国泰寺住持梅田瑞雲が擯斥される。 | 隈板内閣が成立する。 |
| 同　三四 | 一九〇一 | 国有林野法に基づき、上知令で没収された約二万八千坪の境外藪地が相国寺に払い下げられる。 | 足尾鉱毒事件で田中正造が天皇に直訴する。 |
| 同　三八 | 一九〇五 | 国泰寺派が相国寺派から独立する。「蔭涼軒日録」・「鹿苑日録」が寄付金千円と引き換えに東京帝国大学に献納される。 | 日露講和条約が調印される。日比谷焼き打ち事件が起こる。 |
| 大正　二 | 一九一三 | 「臨済宗相国寺派紀綱」が編纂される。 | 大正政変が起こる。 |
| 同　八 | 一九一九 | 臨済宗七派聯合布教団が結成される。 | ベルサイユ講話条約が批准される。 |
| 昭和　四 | 一九二九 | 臨済宗各派黄檗宗合議所が開設される。 | 田中首相が天皇に叱責され、辞職する。 |
| 同　一二 | 一九三七 | 禅門高等学院が相国寺境内に移転する。 | 盧溝橋で日中両軍が衝突する。 |
| 同　一四 | 一九三九 | 宗教団体法が公布される。 | ノモンハン事件が起こる。 |
| 同　一五 | 一九四〇 | 相国寺教学部が『興亜の基調と禅』を発刊する。 | 大政翼賛会が発会する。 |
| 同　一六 | 一九四一 | 臨済宗十三派が合同し、臨済宗が成立する。「臨済宗宗制」が制定される。財団法人万年会が設立される。 | 日本軍、ハワイ真珠湾を空襲する。 |
| 同　一七 | 一九四二 | 「相国寺寺院規則」が制定される。宗務本所と興聖寺・霊源寺との争いが話し合いで解決する。 | ミッドウェー海戦で日本軍が敗れる。 |

| | | | |
|---|---|---|---|
| 同 一八 | 一九四三 | 「大本山相国寺憲章」が制定される。 | アッツ島の日本守備隊が全滅する。 |
| 同 二〇 | 一九四五 | 敗戦に伴い宗教団体法が廃止され、宗教法人令が公布される。 | 日本、ポツダム宣言を受諾する。 |
| 同 二四 | 一九四九 | 「臨済宗相国寺派宗制」が制定される。 | シャウプ勧告が発表される。 |
| 同 二五 | 一九五〇 | 金閣が放火により全焼する。 | |
| 同 二六 | 一九五一 | 宗教法人法が公布される。 | サンフランシスコ講和会議で日米安全保障条約が調印される |
| 同 二七 | 一九五二 | 「宗教法人臨済宗相国寺派規則」・「宗教法人相国寺規則」が認証される。 | 池田通産相、中小企業の倒産・自殺やむなしと失言する。 |
| 同 三〇 | 一九五五 | 金閣が再建される。 | 社会党が統一、自民党が結成される。 |
| 同 三一 | 一九五六 | 銀閣寺事件が発生する。文観税の徴収が開始される。 | 日ソ共同宣言が調印される。 |
| 同 三五 | 一九六〇 | 銀閣寺事件刑事裁判・民事裁判の京都地裁判決が出る。 | 新安保条約が発効し、岸内閣が総辞職する。 |
| 同 三九 | 一九六四 | 文保税導入に伴い、京都市と十一ヵ寺が「覚書」を交わす。 | 池田首相が辞任する。 |
| 同 五四 | 一九七九 | 銀閣寺事件が和解となる。 | 総選挙で自民党が敗北、四十日抗争が勃発する。 |
| 同 五八 | 一九八三 | 古都税条例案が市議会で可決される。 | ロッキード事件裁判で田中元首相に有罪判決が出る。 |
| 同 六二 | 一九八七 | 京都市と仏教会が和解する。 | 国鉄が分割民営化される。 |

**著者略歴**

**藤田和敏**（ふじた　かずとし）

1972年、愛知県に生まれる。1996年、立命館大学文学部史学科卒業。2005年、京都府立大学大学院文学研究科博士後期課程単位取得満期退学、博士（歴史学）。現在、大本山相国寺寺史編纂室研究員。
著書に、『〈江戸〉の人と身分』2（分担執筆、白川部達夫・山本英二編、吉川弘文館、2010年）、『〈甲賀忍者〉の実像』（吉川弘文館、2012年）、『近世郷村の研究』（吉川弘文館、2013年）、『国家を超える宗教』（分担執筆、相国寺教化活動委員会監修・田中滋編、東方出版、2016年）、『古都税の証言　京都の寺院拝観をめぐる問題』（分担執筆、京都仏教会編、丸善プラネット、2017年）などがある。

近代化する金閣
——日本仏教教団史講義——

二〇一八年六月一五日　初版第一刷発行

著　者　藤田和敏
発行者　西村明高
発行所　株式会社　法藏館
京都市下京区正面通烏丸東入
郵便番号　六〇〇-八一五三
電話　〇七五-三四三-〇〇三〇（編集）
〇七五-三四三-五六五六（営業）

装幀　上野かおる
印刷・製本　亜細亜印刷株式会社


ISBN 978-4-8318-6376-8 C0015

9784831863768

1920021020001

ISBN978-4-8318-6376-8
C0021 ¥2000E

定価：本体2,000円（税別）